書山有路勤為徑，學海無涯苦作舟。

內向革命

心靈導師 A.H. 阿瑪斯的心靈語錄

拋開枷鎖，從內而外地解放自己

我們中的大多數人能夠明白外向的世界對於人生的意義，卻很難知曉內向的世界對人生的影響，一些人甚至都沒有關注過自己內向的世界。許多人都會覺得外向世界那些看得見、摸得著的物質比內向世界那些虛無飄渺的精神、信念、意識更踏實、更能給人安全感。正是因為產生了這樣的想法，才使得你生活得艱難、痛苦，不得解脫，因為不瞭解內向世界的你脫離了你的本體存在，你的視線被別人的經驗和老舊的概念所遮掩，也就看不清這個世界的真相。

姜波 編著

序言：

向內行走，走入嶄新的世界

你是否意識到我們同時生活在外向和內向兩個不同的世界裡？外向的世界由那些我們看得見、摸得著的東西組成，比如天空、大地、房屋、鳥獸、食物、水等物質，而內向的世界則由我們的情緒、意識等一些看不見摸不著的東西組成。

我們中的大多數人能夠明白外向的世界對於人生的意義，卻很難知曉內向的世界對人生的影響，一些人甚至都沒有關注過自己內向的世界。許多人都會覺得外向世界那些看得見、摸得著的物質比內向世界那些虛無飄渺的精神、信念、意識更踏實、更能給人安全感，而且如今現代科技發達，任何事情都可能發生，任何問題都可能解決，何必對著一堆虛無飄渺的東西費盡心力。正是因為產生了這樣的想法，才使得你生活得艱難、痛苦，不得解脫，因為不瞭解內向世界的你脫離了你的本體存在，你的視線被別人的經驗和老舊的概念所遮掩，也就看不清這個世界的真相。而要想找回我們的本體，看清這個世界的真相，我們就需要將集中在外向世界中的注意力收回，專注於自己的內心，向內深度發掘自己的內在。

靈性導師克里希那穆提認為人生下來所接受的全部教育和經驗都是不真實的，是一種扭曲的病象，因此，他所做的工作就是帶領人們回歸到生命的本真狀態，這與中國哲學家老子所說的「絕聖棄智」有異曲同工之妙，都是要人們拋開枷鎖，從內而外地解放自己。後來，有人就將這樣的工作概括為「內向的革命」。

印度哲學家奧修同時也是一名心理學家，並與佛洛依德、馬斯洛齊名，他的著作《奧秘心理學》第一章即命名為「內向的革命」。他認為人必須為開悟而奮鬥，只有這樣，才會培養出感覺和把握即將到來的喜樂的能力，並最終開悟。這種關於開悟的奮鬥也是一場個體的、向內的革命，這時，在人的內在深處就會開始一個新的、革命的向度，人的內心就會被這場革命打開，直至超越。

在此基礎上，來自科威特的心靈導師A・H・阿瑪斯對內向的革命進行了更為深入的研究。阿瑪斯認為，我們的心靈就像一顆有許多切面的鑽石，如同本體有很多不同的面向，但是之前的心理學、哲學只關注到某幾個切面而已，不能夠解決人類的全部問題。所以，阿瑪斯發展出了一條「鑽石途徑」，這是一條精準而直接的道路，它不但提供給我們關於心理活動的深度知識，還幫助我們發展出愛、喜悅、智慧、活力、熱情、好奇、祥和、快樂、信任、感恩等不同的品質。

如果我們能依照阿瑪斯所說，進行內在工作並且允許自己在每一個當下開放地去體驗內心所有的感覺，自然會活出一種擁有本體的圓滿生活，還能夠加入一個無比真實的世界，體會到那種生而為人的不可思議的美和尊嚴。這場內向的革命還充分地展現出一種對真理、對生活的愛，即使我們在其中只收穫了最微小的部分，那也將會大大改善我們的實際生活。因為內向的革命為我們提供了另一個關於生活的座標，同時也為我們的生活帶來了一種希望，一種在終極意義上能夠解決所有問題的希望，使我們更深地意識到，不管生活變得怎樣，只要我們不斷努力，向內無限地發掘內心，都會為自己尋得另外一條出路、另外一個方向。這就是內向的革命進行下去的必要，也是它經久不衰的原因。

在本書中，我們擷取了阿瑪斯「鑽石途徑」叢書中的思想精粹，把阿瑪斯的精神和靈性重新分門別類，排列組合，以通俗的語言來講述一代大師帶給人們的靈性的傳承，說明人們重新認識和思考本體、內心的創傷、世界的真相、接納、奮鬥的價值、自我理想、執著、愛、當下、成熟、空無、合一境界等人生成長必經的考驗，順利完成內向的革命，找回無目的的本體，並依循本體無憂無慮地生活。

目 contents 錄

目 contents 錄

目 contents 錄

目 contents 錄

目 contents 錄

第一章 依循本體而活

真正的獨立意味著你的本體完全不依賴外在而活。即使全世界都在反對你，如果你依循本體而活，仍然會感到滿足。本體是承諾，是生命本身，是一種我們渴望最深的圓滿。它能回答我們所有最根本的問題，因為它是生命最根本的核心。

向內觀看就是走向光明

本體不是黑暗盡頭的光明，向內觀看就是走向光明。透過理解，你越來越體現出那份光明，因為明瞭的本身就是光。

——《內在的探索》

我們的眼睛有向外看和向內看兩種功能，向外能夠無限寬廣地拓展世界，向內則能無限深刻地發掘內心。但實際上，我們的眼睛總是看外界太多，而看心靈太少。外面的世界光怪陸離、精彩紛呈，各種資訊撲面而來，各種消遣娛樂層出不窮、紛繁繚亂。置身於這樣的世界裡，我們的眼睛和腳步只能追趕不停，唯恐落於人後。在追趕的過程中，我們的身體感官被刺激、愉悅、焦灼、痛苦所佔領，我們忙碌周旋，分身乏術，而為了從別人那裡得到掌聲和肯定，我們還學會了使用不同的面具，以便根據不同的需要扮演不同的角色。漸漸的，我們就習慣把面具當作自己的臉，而忘記了自己本來的面目。

每當提到要關注心靈時，很多人都會用各種藉口為自己開脫，「我每天忙著賺錢，養家餬口，哪有時間去關注那些虛無飄渺的事呢？」「光每天上班就很累了，回家只想躺下休息，誰有時間幹這個呢？」人們活得艱難而現實，只想抓住那些有形的東西來獲取安全感，而對那些無形的東西則完全忽略。

如今的世界，人心浮躁，變化越來越快，腳步越來越急。我們接受的資訊和知識越多，堅持和守護的信念就越少。我們總會聽到人們抱怨在現世生存如何艱難、前途是怎樣的黑暗，還有人悲觀地認為這個世界不符合他們的夢想，不值得他們去為之努力。但他們很少去思考：我們現在所追求的一切到底是我們內心真正的渴望還是別人外加於我們的？我們終日忙忙碌碌但為何心靈仍然漂浮不定？很多時候，很多人都是站在十字路口左顧右盼、不能前行，因為他們的眼睛不曾無限深刻地向內發掘，只看得到外面的世界，而看不到內心的力量，自然也就得不到內心的庇護和指引。

不要小瞧我們的內心，它充滿著人類最真實的渴望，也隱藏著眾多不為人所知的力量。向內觀看、察覺我們的內心，才會看清我們的所作所為是不是內心反映出的真相，是不是真的對我們的人生、對這個世界有益。同時，向內觀看作為一種自我反省，可以讓我們在不斷的思考和完善中獲得發展和進步。

當我們在現世奔忙而忽略了內心的時候，就應該停下腳步，向內觀看，認真地審視自我，摘下面具看看自己的內心，與它對話。誠如阿瑪斯所說：「向內觀看就是走向光明。」這份光明其實常在我們身邊，當我們對自己的內心有了更多的瞭解時，這份光就會亮起，照亮我們的人生，引領我們走向希望。

本體自身便是生命的智慧

我們可以將花蜜比做不同面向的知識，蜂蜜比做由本體濃縮出來的純粹知識，認為本體是如同花蜜和蜂蜜一樣真實存在的，那麼，就會看到一個明顯的事實：本體的真實知識就是其本身，本體自身就是生命的智慧。

——《內在的探索》

我們每個人剛出生的時候都是一張純白的紙，也就是阿瑪斯所說的「全然活在本體裡」。作為嬰兒的我們雖然在生活上無法自理，衣食住行都要依賴別人，但我們的內心不會感到任何的壓抑和痛苦：想哭就放聲大哭，不會為害怕打擾別人而有所收斂；想笑就開懷大笑，不會為取悅別人而展顏。漸漸的，我們一天天長大，就會不斷有人給我們的白紙塗上各種色彩，當我們看到一張色彩斑斕的圖畫而心下歡喜、內心雀躍時，就已經忘記了自己曾經純白的底色。

阿瑪斯認為每個人都有一個本體，在我們的成長中，本體漸漸被遺忘，被人格等不同的身分取代。而我們遇到的痛苦、迷茫和掙扎都是因為我們與本體失去了聯繫，認不出它、傷害了它，甚至拒絕了它。阿瑪斯就是要告訴人們什麼是本體，怎樣分清本體和人格，以及如何透過發現本體來解決我們內在的難題。

自古以來，本體都是眾多學者大師追尋和探索的重要命題，儘管它在不同的思想中有不同的名稱，但它們的本質不變，都是對人們最真實的自我的描述。

胡茵夢曾在採訪中給「本體」下過這樣的定義：「本體，所謂的法性、自性、神性，一個完全不受自我約束，也不受世界萬象約束的最純然、最本然的內在的部分。」

佛家經典中常出現「真我」說的就是本體，它指真正的「我」，脫離了生死、煩惱的自在之我，是佛教涅槃四德之一，也是佛教徒想要達到的一種佛的自在之境。

著名精神分析學家佛洛依德在他的著作《自我和本我》中提出了一個與「本體」相類似的心理學名詞——本我。他認為，本我是人格中最早也是最原始的部分。本我是人出生時就固定於體內的一種非理性的、無意識的生命力，也是一種本能、衝動和欲望。本我不顧一切地要尋求滿足和快感，尤其是要尋求性、生理和情感等方面的快樂。

佛洛依德和阿瑪斯都認為嬰兒的人格和活動就完全由本我或本體組成和支配。隨著年齡的增長和經驗的累積，本體被壓抑，從而引發了我們人生的多重痛苦，於是，尋找和發現本體就成為解決人類內在煩惱的重要方式。阿瑪斯創立「鑽石途徑」最重要的目的就是為了尋找被壓抑的本體。

本體自身有著生命的全部智慧，因此發現和覺知本體對我們立足於世有著至關重要的意義。只有建立起本體、認清「我是誰」，我們才能獨立自主，活出真正的自己，不為那些錯誤的身分所困擾，也不會產生那麼多不必要的痛苦。

蘇菲派有句古老的諺語：「活在世間，但不屬於它。」

這句話就是在告訴我們，要對自己有清晰的定位，察覺我們的真實身分。當我們真正把自我的本體表現出來，我們的內心就會被源源不斷的滿足感充滿，即使我們身陷塵世的囹圄，也不會感到痛苦和迷茫。因為在本體中活，我們就會看到心中反映出來的真相，也會發現在這個世間做什麼都不是終點，只有不斷拓展和加強「真我」的工作，讓本體在修煉中越來越精純，最後到達最根本的本質，才是最重要的。

內在工作使人回歸本體，消解痛苦

內在工作能幫助我們識出苦的事實以及造成不必要之苦的原因，並且能幫助我們回歸到自己的本質，消解那些不必要的痛苦。

——《內在的探索》

有個古老的傳說：上天創造萬物、三界、六道時，就定下了它們應有的壽命，而人被判定只能活十年。人在陰曹地府聽到判官宣判後，就趴在案前哭個不停，非常傷心。這時，猴子、狗、牛看人哭得這麼可憐，就決定各自捐出十歲，給人添上。於是人的壽命長了，但是自此以後，十歲以上的人，就很難再見著人本來的真性情。這個傳說和阿瑪斯的本體理論很相似。人在嬰兒時期擁有本體，但是長大後就和本體脫離了。很多人在飽嘗痛苦之後，往往會自覺地踏上回歸本體之路。

探索內心、回歸本體卻是一件非常困難的事，在這條路上真正有進展的人很少，能完成的人更是寥寥無幾。阿瑪斯所提倡的內在工作可以說是一種能帶領人回歸本體的學派或方法，它能夠幫我們識別出苦的事實，並尋找出造成我們人生不必要之苦的原因，最終帶領一個人回歸他自己的本體，消解掉不必要的痛苦。

回歸本體是我們與生俱來的一股動力，即使沒有痛苦，它也存在於我們的內在。我們越能意識到自我，就越能感受到這股與生俱來的、想要知道自己是誰的強烈渴望。我們都渴望擁有那份能完成自己所有潛力的自由，也渴望能夠活出生命本有的品質。如果無法以這樣的方式生活，我們就會感到痛苦。但是內在工作的重點並不是要消解掉這份痛苦，因為痛苦只不過是我們對本體的渴望，是一種想要回歸自己真正本體的徵兆。

很多人都認為很少有人能夠去進行內在工作，因為大部分的人都無法讓自己完全置身其中。人們不願意專注於內在工作，往往是因為害怕失去他們個人的自由。如果要一個人專注於內在工作，就必須先解除他無意識裡那種對分離的恐懼。我們的內心深處都藏有一股深沉的恐懼，害怕失去自己的身分，或者害怕失去自己的獨立性和自我。這些恐懼也並不是無中生有，它們通常源於我們幼兒時期一些無意識裡的信念。我們的無意識認為，如果把自己交出來，就會失去自己。其實進行內在工作並不會讓我們失去這些東西，恰恰相反，它能夠讓我們更好地認知這些東西。進行內在工作只會讓我們跟早先認同的虛假人格分離，並不會讓我們失去自己。所以要想繼續致力於內在工作，我們必須先解除害怕失去身分感的恐懼，然後才可能看見並發展出自己真正的身分。

最後要提醒大家的是，我們不必僅僅為了解決心理上的問題而進行內在工作，也沒有必要跑到寺廟或深山密林裡隱居起來。我們就是要在日常生活中、從與他人的關係中、工作裡，或是我們的車子、房子、金錢出問題時，汲取資料去進行內在工作，這樣才能讓我們更容易也更有效地達到內在工作的目標。

內在工作的重點是超越得失

內在工作的重點乃是超越得失之心。真的渴望看到內心的真相，最終一定會帶來自由，這才是重點所在。

——《無可摧毀的純真》

我們要注意的是，內在工作不是魔杖，並不能夠完成你的所有心願，解除你的所有痛苦。內在工作的重點就是超越得失之心，如果你真的渴望看到內心的真相，那麼帶著這種渴望進行內在工作，就一定會得到自由。如果在內在工作之中存在想要瞭解真相的誠意，那麼在過程裡你會體認到一種美和感激，也會產生一種對人格複雜性的欣賞，而不會一味地想要排除某些東西。這份欣賞又會給我們帶來真正的自尊自重，讓我們願意體驗自己的痛苦又不迷失或沉溺其中，就會出現一種從容的美。

下雨了，大家都匆匆忙忙往前跑，唯有一人不急不慢，在雨中踱步，旁邊跑過的人十分不解：「你怎麼不快跑？」此人緩緩答道：「急什麼，前面不也在下雨嗎？」

正像故事中那個在雨中緩緩前行的人一樣，一個自尊自重的成熟之人，會去容忍和接納某些問題，在與挫折共處的同時又能欣賞人生美好的一面。如果一個人進行內在工作後體認到了本體的某些精微面向，到達了某種本體的境界，但還是一味地追求圓滿和享樂，只想滿足嬰兒式的需求而忽略了這過程中的心理內涵，那就不可能發現真相。真相有時能減輕痛苦，也可能導致痛苦，不論結果是什麼，只要你允許自己去欣賞和相信心中的真相，就會跟自己產生一種親密感。不論是痛苦還是快樂，這種親密感都會給你帶來一種滿足。這種滿足感比超越別人、獲得權力財富和被人賞識更勝一籌。

因此，人們在進行內在工作的時候，不要因為得不到而抱怨，也不要因為得到而興高采烈，這些都會阻礙你看到更深的真相，只有與真相親密地貼近，才能給自己帶來最深的滿足。帶著這種追求真相的態度，我們會從幼稚的欲望、需求和夢想之中解脫出來。如果你能在這個過程裡學會欣賞自己和自己的真相，就能和自己產生親密的聯繫，你越能和自己親密，就越會發現這些世俗的欲望都很空洞、乏味。即使你實現了眼前所有的目標和欲望，也比不上跟自己親密所帶給你的富足感。從愛和真誠之中所帶來謙虛的胸懷，也是源自於跟自己親密，是非常人性又令人感到滿足的狀態。

透過內在工作，我們還知道證實自己是正確的和得到自己想要的東西，都是人生的一部分，但並不是我們真正感興趣的部分，因為它們不會讓我們更貼近自己或心中的真相。

當我們超越了得失之心，專注於內在工作時，本體的能量會自然流動，它的智慧能夠從所有的面向產生作用力，並且將所有的面向整合到一個行動裡面。這是一種超越頭腦和覺知的智慧。如同阿瑪斯所說：「本體這樣的行動有可能出現，但必須下許多工夫才能體現出來。你或許要花一輩子才做得到。這是一件不斷在發展中的事，你可以成長、成長、再成長，因為成長是沒有止境的。」

你的本體不依賴外在而存活

真實的證悟意味著我們的本體完全不依賴外在而活。全世界可能都在反對我們，但如果我們就是我們的本體，我們仍然會感到滿足。

——《內在的探索》

通常我們會認為：「如果我是唯一具有本體的人，我一定會變成一個孤單的人。」沒錯，當你具有本體時，你確實可能變得孤獨，不過卻是孤獨而快樂的。這也並不意味著你必須獨處，而是說你要在獨處時心甘情願，因為那是擁有本體必須付出的代價，且遲早你都會面臨這個選擇的。你想要的到底是被愛、被欣賞、被瞭解，卻活得很悲慘，還是獨自一人、無人眷顧，卻活得很快樂？這是每個人必須做的選擇，這才是真正的獨立自主。也就是說，真實的證悟意味著你的本體完全不依賴外在而活。全世界可能都在反對你，但如果你就是你的本體，你仍然會感到滿足。

本體是所有問題的答案，你必須瞭解並且完全接納這個事實。其他的方法都沒什麼用，半吊子的態度是行不通的，你必須絕對貫徹到底。一旦了悟了本體，那麼即使面臨死亡的威脅，都不會受影響。誰在乎呢？生或死又有什麼差別？別人如果不喜歡你，那又何妨？這一切對你而言都是相同的滋味，你不會為了順應別人的觀點而改變自己。事實上，除非你能承受你的孤獨、獨立性和尊嚴，否則你根本無法擁有真正的親密關係。這才是真正的自由。

在胎兒階段我們是徹底依賴外在的，甚至得靠臍帶來餵養我們。那種全盤仰賴外在的記憶已經深鎖在我們的心智和身體裡，所以我們會繼續依照那份局限行事，即我們的行為仍然像胎兒一般依賴外在。那份局限實在太深了，因為它是在你還不知道自己是誰的時候便埋下的。它已經深埋在你的細胞和你的骨髓裡，不過它還是可以被揭露和理解的。只要你還想從外面得到某些東西，你就不會感到滿足，因為你還沒完全擁有自己；如果你還認為只有在恰當的情況出現時才能擁有完整的自己，你怎麼可能變得完整和圓滿呢？凡是有條件的東西都不是你的本體。

當你發現了你對外在的依賴時，你就面臨兩個選擇：繼續做胎兒，或是做成人。在這個地球上，鮮少有人能稱得上是成人。成人是令人肅然起敬的，我們都有機會做成人。大部分的時候我們活得並不像胎兒，但我們的思想跟胎兒一樣。我們認為自己還是個胎兒，我們的行為看上去就像我們所有的愛和滋養都必須從外面取得似的。當然，從外面取得東西並沒什麼錯，不過你確實可以自我整合。我們並不是在作道德上的批判或抗拒當胎兒，這只是一個必須穿越的局限罷了。如果我們停留在這種狀態裡，就會導致巨大的痛苦。因此，我們那胎兒一般的心必須成長，必須觀察到什麼時候我們的行為像胎兒，什麼時候像成人。

如果我不把你看成是與我有區別的一個人，那麼你的收穫就是我的收穫。我們就像是同一副身體上的不同細胞，因此內在工作是不能孤立進行的，而本體也不是你獨自擁有的。內在工作或許可以靠自己進行一段時間，但長久下去一定會出問題，因為這麼做就是在對抗實相。事實上，沒有一個人的本體比別人更多或更少；本體一直都在那裡，它屬於每一個人。如果我們認為自己得到的本體比較多，或另一個人得到的本體比較多，就等於在做夢。如果看待本體的角度錯了，勢必會製造出許多麻煩。

心念止息時，本體會自然流動和運作

本體是一種無心、無思想、無希望的狀態，正如人餓了就會找食物吃，睏了就會睡覺一樣自然，這些都和希望無關。當希望止息下來的時候，本體自然會開始流動和運作。

——《解脫之道》

如果有人問：「你能活在過去嗎？你能活在未來嗎？」你會怎樣回答？其實，答案很簡單，我們的人生只有當下這一刻，即使我們的心忍不住要朝著過去和未來思考，但本體的活動一直朝著當下進行，永遠屬於當下這一刻。我們必須放下心中所執著的東西——擁有的一切東西，相信的一切事物，對自己和別人所持有的一切概念以及所有的感覺。如果做不到這樣，你的內心就會充滿著概念、欲望和各種執著，因而失去自己。為了見到真相，你必須心甘情願地放下這一切，讓自己進入一種自然的境界。當你進入更深的境界時，為了見到真相，你還必須放下對身體的執著和享樂。只有當你放下它們時，本體才可以充滿你。本體的發展過程有它自己的邏輯，只有當它真的發生時，你才能意識到它。到那時你就會發現，當你允許自己做一個什麼都不是的人，這個什麼都不是的狀態就可能會變成另外一種東西。你要試著去除你心中的概念和障礙，你本就擁有無法想像的可能性，但如果你只固定在某個位置上，你是不可能想像出這些事情的。

我們都要認清的是，期望不是本體的一種品質，它只是對眼前真相的一種排斥，但本體是希望的所在，因為本體能夠幫助你認清只有無望才是真相，也能夠讓你看見人格的態度是一種客觀的希望，是沒有希望的。主觀的希望是以未來為導向的。當你感到有希望的時候，就是在排斥眼前的事物，而渴求另一個東西。在這種情況下，本體是不可能出現的。本體給我們帶來的希望在於它能消解其他情況中產生的絕望，但本體並不是一種充滿希望的感覺。

這時，可能有人會問：「如果我真的放棄希望了，我擔心我會不知道該怎麼辦了，我還能再產生做其他事情的想法嗎？」這是完全可以理解的事。當內在工作進行了一段時間，真的進入那種無心、無思想、無希望的境界，每個人都會不知道該怎麼辦，也有點害怕。但是到那時你就會發現，你不需要任何的心智活動就能自然地做任何事：餓了，你會去找東西吃；睏了，你會去睡覺；需要去洗手間時，你也自然會去做。這些事情都跟渴望或希望毫無關係。當我們將內心的希望、渴求、信念都止息下來的時候，本體就會自然地開始流動和運作。這就是一種最無私的愛。

有了本體，就會遠離情緒而擁有力量

有了本體，我們體驗到的就不再是憤怒等各種情緒而是力量。我們不再感覺到自傲或自卑，我們會體認到自己的價值，我們會體認到我們是圓滿和強有力的。

——《內在的探索》

你說如果瞭解自己的感覺就能貼近自己的本體，這是不正確的，你的感覺不一定就是你的本體。因為人會有一些真實的感覺，也會有一些虛假的感覺。虛假的感覺來自於想填滿心中坑洞的渴望，它一出現就意味著真實的感覺不見了。

我們常常會體驗到虛假的感覺。當我們失去了自我價值感，內心就會留下一個洞。這個洞可能發展成自卑或低自尊，但這並不是真正的感覺，只是意味著自尊或自我的真實價值不見了。這份低自尊的感受經常會被一種自大的防衛機制所掩蓋。自大是一種企圖隱藏什麼的虛假感覺。當一個人說的話、做的事使你感到自卑時，你的心中生起的憤怒也是一種虛假的感覺。這些虛假的感覺之所以會冒出來，就是因為你沒有意識到你真正的價值，它們只是產生了一種填洞的作用，當你失去了真實的東西，它們就會出現，讓你真實地感受到它們。當你無法覺知到真正的感覺，別的東西就會取而代之，比如情緒。

其實在自卑、自大、憤怒、受傷的底端，一定有一份自我價值感，它也是本體的某個面向。當你體認到這些情緒的真相，就會認清你失去了什麼東西，並且會體驗到它。而你一旦體認到自己真正的價值，你就會認清它與遮蔽住那份失落感的虛假感覺是截然不同的。

在日常生活中，有些人不但意識不到自己的本體，連情緒也感覺不到了，這使得他們距離自己非常遙遠。他們擁有的只有思想，而思想通常都是由情緒製造出來的，就這樣，他們失去了自己而開始認同思想，於是就製造出了各種各樣的妄念。因此，瞭解情緒可以幫我們解開防衛的死結，使我們不再企圖逃避心中的坑洞。情緒可以彰顯出我們已經喪失覺知的某部分本體。要記住，你回歸的並不是情緒，而是你的本體。本體比情緒更為真實和富有價值，就像你的血液一般真實，它不是一種反應。

大部分人都會感到疑惑，如果感覺不到自己的情緒，那還能感覺到什麼？其實，當你越能感受到本體，情緒就會越少。雖然你仍然有某些知覺，而且比以前更深、更強烈，可是你的情緒卻不會變得更深、更強烈。情緒只是一種神經系統的反應罷了，但本體並不是神經系統的反應。

有人認為我們的本體才是「真實的感覺」，而人們所謂的感覺和情緒都不是本體，愛、祥和、價值感、力量和意志，這些才是本體的不同面向。有了本體，你體驗到的就不再是憤怒而是力量，你不再感覺到自傲或自卑，你會體認到自己的價值，你會體認到你是圓滿和強有力的。

依循本體，才可能熱愛生命的一切

活在本體中與得到想要的東西之間並沒有衝突。我們如果能真的依循本體而活，才可能愛我們的生命以及生命中的事物。

——《內在的探索》

我們總是聽到大部分的人說，他們想要過得幸福，他們想要活得快樂，他們想要好好享受人生。但實際上，他們根本不懂怎樣追求真正的快樂，他們追求的不過是些只會增加痛苦的虛假滿足而已。一個人如果真的想要得到快樂，就必須以正確的方式行事——也就是要把本體的重要性置於其他一切事物之上。如果能做到這一點，他自然會快樂；如果做不到，他就不會快樂。我們之中的許多人都不相信，一旦重視其他的事多於本體就會導致痛苦。我們不妨去試著改變這個事實或繞道而行，你就會發現事情還是一樣的，這就是自然規律，如同雨是向下落一樣，屬於最根本的法則。

我們通常以為，如果真的依循本體的真相而活，我們就會失去自己所執著的一切美好事物。而且我們早已經習慣透過外在事物來看待生命，如果不依賴這個模式，很可能會失去一切。但事實並非如此，你所有的行動、欲望、生活的所有面向，都附屬於本體的真理，你會得到自己真正想得到的東西，如名譽、財寶、美貌、家庭、事業等。但因為本體的圓滿，你能夠真正享受到它們，而不會一味地想得到更多，同時又害怕失去所有。所以說，活在本體中與得到想要的東西之間並沒有矛盾和衝突。

事實上，如果我們真的能依循本體而活，就可能去愛我們的生命以及生命中的所有事物。但如果我們把外在事物看得比本體更重要，我們的本體就會自動關閉能享受這些事物的部分。那個部分就是喜悅的核心，阿瑪斯稱之為「黃金之心」或「輝煌的太陽」。如果我們朝著本體發展，這個喜悅的核心就會變得燦爛無比。如果我們朝別的方向發展，它會變得暗淡無光。但我們不要為內心沒有朝本體發展而感到不安，這種不安的態度反而會讓我們的心更加封閉。我們只需要認清我們是如何背離自己的，看見使我們脫離真相的東西是什麼，瞭解另外那種信念的真相，並且認清自己為什麼會相信它。一旦徹底看清楚，我們就不需要再做任何事了，也不需要過度鞭策自己，只需要認清和瞭解自己為什麼無法與真理調和一致。瞭解得越深，越能融入真理，也越能感受到喜悅、快樂、愛和滿足。

現實生活中的很多人都沒有依循本體而存活，反而是依照自己設立的各種理想或內心的各種欲望而活，所以他們時常會感到不滿足。其實，只要你能夠拋開那些理想、欲望，並且能讓自己與本體、真理調和一致，自然就會得到美、尊嚴、愉悅和圓滿，也才有可能去熱愛生命中的一切。

本體的圓滿會使你認清：過去所珍惜的都無關緊要

尊嚴可能涉及某種痛苦，不過你一旦朝著真相邁進，本體的圓滿和喜悅就會使你認清，過去你所珍惜的東西都是無關緊要的。

——《內在的探索》

我們通常認為圓滿就是得到自己想要的東西，或是做成自己想做的事情。但圓滿最終極的意思是指我們可以從欲望之中得到徹底的解脫，也就是說，做你自己，成為你的本體，才是真正的圓滿。但是這並不是說證悟本體就是為了得到什麼其他的東西，也不是說一旦擁有了本體你就會變得富有、會墜入愛河或過上幸福快樂的日子。如果你所抱持的態度就是像上面說的那樣，那麼你的不滿足和痛苦就會持續下去。其實，圓滿很簡單，只要能夠跟真理達到和諧一致，自然會感到一種深刻的滿足。可惜的是，大部分人都不瞭解這一點，他們以為只有得到某些東西，如姣好的身材、完美的情人或是合意的房子，才能得到愛、快樂和滿足，其實他們滿足的不過是無意識的欲望而已。要知道，從無意識裡的欲望得到滿足到證悟本體時感受到的圓滿是兩種截然不同的感覺。前者所指的內心的滿足只是在於別人給了我們什麼、如何看待我們或如何感覺我們，它專注的往往是心裡的欲望、期待、投射、概念以及回憶，而證悟本體卻要完全專注於存在本身，因為存在是我們內心最深層面的東西，是最真實的，只有本體懂得的。

但是，如果你證悟了本體，心裡的欲望、期待、投射等就會變得無足輕重了，同時你還會發現重視這些東西多於重視本體是對人生的一種貶低和不尊重。當你一步步地深入本體時，就進入了實相的宇宙面，自然會得到美、圓滿、尊嚴、愉悅和愛，這都是超越人們所能想像的，也是人們根本無法理解的。證悟了自我的本體之後，你就會把這份圓滿性帶進生活裡，於是，生活裡的每件事——工作、家庭、朋友以及你和別人的關係，都會被本體充滿。這時，你也就再也不用去尋找本體的替代物了，反而會把重點放在如何從生活中證悟本體。

我們來到這個世界上並不是為了來受苦的，也不只是為了工作、結婚、養育孩子，而是為了充分發掘出自己的潛能，學習做一個活在本體中的完整而成熟的人，擁有一種圓滿的人生。

活得有尊嚴，並能依循本體和真理而活，就可以幫助你達到這種境界。這裡所說的尊嚴指的是對真相的重視，即使真相之中包含了痛苦，也不能減少對它的重視。這就要求我們必須放下心中一直以來執著的東西——擁有的一切東西、相信的一切事物、對自己和別人所抱持的一切概念以及所有的感覺。

如果做不到這一點，我們還是會被各種概念、欲望和執著所充滿，最終還是會失去自己。只有當我們徹底放下了，本體才可能充滿自己。我們還必須心甘情願地放下這一切，甚至必須放下對身體的執著和享樂。這就是我們為了見到真相所要付出的代價。當我們能夠重視真相多於那些令人分心的娛樂活動，以及我們用來企圖替代本體的外在價值，我們自然會活得有尊嚴。因此，即使活得有尊嚴會讓你感受到某種痛苦，只要你朝著真相邁進，本體的圓滿和喜悅就會使你認清，過去你所珍惜的東西都是無關緊要的。

第二章 覺察我們的局限

你總是把自己當成一副身體，或是把自己看成某種樣子，你心中所認定的自己，永遠跟你眼睛所看到的自己是等同的，而且你從來不會去質疑自己的想法和信念。現在你不需要批判自己的信念，也不對它們做任何事，只覺察它們就夠了。當你覺察到自己的局限時，看看會發生什麼事。

覺察自己的局限，看看會發生什麼事

你不需要批判自己的信念，也不需要對它們做任何事，只要覺察它們就夠了。當你覺察到自己的局限時，看看會發生什麼事。

——《自我的真相》

有一個人，離你很近也很遠，跟你很親密也很疏離，你很容易想起也很容易忘記，這個人就是我們自己。很多時候，我們都在好奇地打量著外部的世界，積極地探索著外部世界中的未知，卻忽視了對我們自身的覺察和審視。西方有一位導演說過：「知道自己的局限，然後才可自由。」現實生活中無處不立著高牆，告訴你此路不通，告訴你哪裡也去不了。所以，我們偶爾應該收回一些總是向外張望的目光，將它們留給自己。不需要多做什麼，只是認真地看看自己，覺察自己的局限就夠了。

一個熱愛柔道的小男孩*10*歲時遭遇了一場車禍，並失去了他的左臂。但他沒有放棄對柔道的喜愛。他用堅持和決心打動了柔道大師小夫子，開始跟著小夫子學習柔道。剛開始，他學得很認真，成績也不錯。可是練了幾個月，小男孩發現小夫子只教了他一招。有一天，他鼓起勇氣問小夫子：「老師，我是不是應該再學點別的招數？」

小夫子想了一下說：「不錯，你現在只學了一招，但你會這一招就夠用了。」小男孩很相信小夫子，沒再問就繼續練了下去。

又過了幾個月，小夫子帶小男孩去參加比賽。讓人沒想到的是，小男孩憑藉那一招輕輕鬆鬆地贏了三輪比賽，進入了決賽。

決賽中，小男孩遇到一位很強大的對手，漸漸的，他有點招架不住，裁判擔心小男孩會受傷，想終止比賽，但小夫子不同意。小男孩最後堅持了下來，並靠那一招制伏了對手而贏得了冠軍。

回去時，小男孩終於忍不住說出了心中的疑問：「老師，為什麼我只用那一招就能贏得冠軍？」

小夫子答道：「有兩個原因：第一，你學會的是柔道中最難的一招；第二，據我所知，對付這一招，唯一的辦法就是要抓住你的左臂。」

每個人都有自己的長處和短處，我們常常想著如何揚長避短，努力掩飾或克服自己的缺點，卻很少有人想去正視更真實、更全面的自己。就像我們在鏡子面前描畫著本來很淡的眉眼，塗抹著並不紅潤的嘴唇，我們也一樣在遮掩修飾著我們的靈魂。尤其是在我們青春正好時，總是很難去面對我們自身的局限，那些缺點和不足，即使看在眼裡，內心也是羞於承認的，更別說讓我們去覺察它、理解它了。

殊不知，你的優點和長處也許能助你在人前閃耀光彩，而你的缺點、局限卻能給你更真實、更完整的人生，讓你的生命更加豐盈。因為當人類的身體和心靈在遭遇極大的災難時，生命會因所受到的局限而擠壓出無法想像的潛能。所以不要去急著掩飾你的局限，試著去覺察你的局限並更深入地認識自己，生命也許會給你意想不到的欣喜。

你的世界無法界定你，也不該界定你

你的世界根本無法界定你，也不該界定你。一旦被自己的世界所界定，你就中了它的圈套。這麼做只會使自己受限。

——《自我的真相》

你是不是也帶著困惑，在為「我是誰」尋找答案？不必苦惱，這個問題是全人類長久以來的困惑，也是全人類長久以來都想要解開的謎團。但是，每次當我們說出「這就是我」的時候，其實那並不是我們自己所認為的那個東西，這一切都只是我們的覺知在作祟，它將各種關於「我」的定義和概念包容進來，讓我們能夠脫口而出「這就是我」，給我們帶來一種假象。這樣看來，我們根本不是在尋找答案，只不過是在揭露一些我們自認為已經知道的東西罷了。事實上，正如我們之前所知道的，從肉身到精神，我們都生活在一定的局限內。活得越久，經歷得越多，或是內心認同的概念及回憶積累得越多，我們越不能活出本體，彷彿畫地為牢，將我們自己牢牢圈在一個狹窄的空間之內，看不清世界的全貌。所以，要想得到答案，只有向更遠、更廣闊的地方看去。

父親和孩子在雪地裡走，父親對孩子說：「咱們看誰的腳印走得直。」孩子高興地說：「好吧！不過有時間限制嗎？」父親說：「沒有時間限制！只要腳印直就算贏。」

於是孩子仔細看著自己的腳，腳尖連著腳跟，一下一下地向前走，等他走到指定的地點時，父親早就到了，正站在那裡看著孩子笑。

孩子向後一看，只見父親的腳印非常直，可是自己的腳印卻歪歪扭扭。孩子疑惑地問父親：「我走得那麼仔細，可是為什麼還是沒有你走得直呢？」

父親說：「不要只看著自己的腳下，你只要用眼睛看著前面的大樹就能走直了！」這次，孩子按照父親說的去做，果然腳印走得非常直。

故事中的孩子一直盯著自己的腳往前走，反而走不出筆直的路，我們也是一樣，常常會專注於一個目標或一種形象，這就好像在用許多東西把自己包裝起來，卻不知這樣做只會讓自己受到限制，困於狹隘之地，而無法得知世界的全貌。我們要學會能夠從任何一個面向去看待這個包裝，只有這樣，我們才不會讓這包東西的內涵呈現出來，也能產生一種澄明的洞見。當這份洞見產生，我們就會發現，其實自己是超越所有一切的，也會發現我們所處的世界根本無法界定我們到底是誰，是什麼樣子，當然也不該界定我們。之前我們會被自己所處的世界所界定，只不過是中了它的圈套而已。你要知道，即使你不把這個世界當成是自己，它仍然會以原先的方式運作下去。所以，你根本就不需要執著於這個世界或它其中任何的一個部分，也不該用它們來定義自己，只有對自己的局限和世界的面貌保持覺知才行。當我們可以覺知這個世界的全貌，就會發現你的覺知可以容納這整個世界，你是大過於這一切的。而到那時它就再也無法定義你，因為你已經超越它了。

內心不滿足，在於未能充分地活出自己

我們內心所產生的不滿足感絕大部分並不是源自於疾病或物質上的困境，而是在於我們未能充分地活出自己。

——《內在的探索》

愛爾蘭劇作家蕭伯納曾說：「人生有兩大悲劇，一是沒有得到你心愛的東西；二是得到你心愛的東西。」沒有得到是一種悲劇，那種渴望和遺憾所引發的痛苦我們很多人都曾體會過。然而，得到怎麼也是一種悲劇呢？因為一旦得到，就表示你的這個欲望被滿足，而下一個欲望就會立即滋生，它將驅使你開始為了獲得新的東西而努力的艱險旅程。

縱觀人類歷史，在數百萬年中，人類都在不滿足——奮鬥——滿足的路上前行，似乎活著就意味著我們走在一條尋求滿足感的道路上。即便到了如今這個科技飛速發展的社會，高度發達的工業技術使得我們大多數人輕易獲得了超出我們能夠使用、享受和購買的限度的任何東西。那麼，我們就該滿足了，不是嗎？然而，事實是，我們依舊因為不滿足而不斷追逐，儘管這種不停歇的追逐使我們不舒服、疲憊、憤怒、債務累累，甚至可能會毀掉我們的個人生活，乃至毀掉整個地球的生態環境，但我們也不願停下追逐的腳步。

我們為什麼不滿足？阿瑪斯認為，人們內心之所以不滿足，在於人們未能充分地活出自己，即人們片面、狹隘地認識了自己，也就可能導致錯誤的人生。但遺憾的是，大多數人都不會思考這個問題，而是思考如何透過滿足來消除我們的不滿足所引發的種種痛苦。也就是說，當我們感到痛苦和疑惑時，我們會停下來思索，並問自己：在生活中我們到底缺少什麼，以至於我們要這樣辛苦地到處追尋？只要稍加思考，我們就不難明白：我們將滿足手段化、工具化，以為追求一個外在事物

就能獲得滿足感，就能消除我們的不滿足。或許，滿足真的能夠消除不滿足，但它必須是真正的滿足，而這種手段化、工具化的滿足顯然是對滿足的扭曲，它只能暫時緩解我們的痛苦，達不到根治的作用。

一位長者講過這樣一個故事：從前，有一個人幸運地得到了一顆美麗的大珍珠，但是這顆珍珠上面有一個小小的斑點。這個人並不滿足，他一直對珍珠上那個小斑點耿耿於懷。他想如果能將這個斑點去除，那麼這顆珍珠肯定就是這世界上最珍貴的寶物了。他想盡辦法依然不能將那個斑點去除，最後，他下狠心削掉了珍珠的表層，可是那個斑點還在，於是，他又削去了一層，但斑點還沒有消失。就這樣，他一層又一層地削下去，直到最後，那個斑點終於消失了，而珍珠也被他削成了粉末。

這個人看著已經變成粉末的珍珠，心痛不已，從此一病不起。臨終時，他悔不當初，痛心地對家人說：「如果當初我不去計較那一個小小的斑點，那麼現在我的手裡還會有一顆完整而美麗的珍珠啊。」

因為不滿足，一顆美麗的大珍珠化為了粉末。我們的人生不正像這顆美麗的大珍珠一樣遭受著不滿足所帶來的傷害乃至毀滅嗎？是不是只有當我們為了一個小斑點而失去一整顆珍珠的時候，我們才會認真地思考生命的意義，並捫心自問：我們到底要走到哪裡、到底要經歷怎樣的艱辛，才會知道我們追尋的滿足感並不是生活的全部。我們更需要在嘆息珍珠的悲劇的同時，避免自己遭遇同樣的悲劇，這就需要我們理解真正的滿足。

看到這裡，你是不是已經將真正的滿足想成了十分高深玄妙的東西，其實不然，它十分簡單，它僅僅要求我們將放在名望、地位、財富等外在事物上的注意力收回，放回到我們自己身上，也就是將為成功、財富、幸福等心靈狀態轉化為為自己而活。這樣一來，你就可能觸摸到你的本體，自然能充分地活出自己。

解除恐懼，勇敢地交出自己

為了發現自己而致力於內在工作就是要交出自己，察覺那些被壓抑的恐懼和抗拒，避開障礙，讓生命的能量流動起來。

——《內在的探索》

當我們不夠獨立，不能完全做自己而必須仰仗別人時，我們的內心就會充滿不安和恐懼，害怕被遺棄，害怕失去已有的一切。

恐懼是屬於我們生命的一部分，每個人都在劫難逃。從我們出生直至死亡，它都以不同的面貌伴隨著我們。每當我們的內心或外在環境產生波瀾或有所變化，恐懼都會立刻滲透到我們的意識之中。我們試圖排擠它，使它麻痺，跳過去或者乾脆否認它的存在。然而，恐懼始終潛伏著，如同死神從不會從我們的生命中自動隱退一樣。

早在人類社會發展的早期，人類就藉由巫術、宗教和科學不斷地與恐懼抗爭，思索可能戰勝或是擺脫恐懼的對策。那時，人心未萌、民智未開，有人尋求神靈的庇護，有人求取愛情的寄託；科學家研究自然的規律，宗教家和修行者則禁欲修行，思想家從哲學中探尋出路，但這些努力都沒能成功地驅除恐懼。

當那些承諾可以釋放我們內心恐懼的各種方法讓我們的期盼落空時，我們就開始從我們的內在下手，試著培養那些可以與恐懼抗衡的力量，如勇氣、信任、知識、希望、屈從、信仰以及愛。這些力量不但能幫助我們接納恐懼，分析恐懼，還以百折不撓的精神與恐懼奮戰。有了這些力量的庇護，我們就可以交出自己，避開那些阻塞生命能量流動的恐懼和抗拒。

說到這裡，你也許會疑惑：「交出自己，多少都會攪亂我們原有的生活，也許還會破壞我們的私人空間以及人格上的完整。」雖然每一次敞開心扉、每一次心有所屬、每一次為心愛的人付出的時候，我們都會不由自主地處於敏感脆弱的境地，從而妥協讓步，把自己完全交給另外一個人，更是冒著極大的風險。這往往會讓我們陷入害怕失去自我的恐懼中。然而，當你真正嘗試著去做這些時，你會發現你的心中只有愛，沒有恐懼。

如果有一個人能夠覺察到自己內心所有的恐懼和抗拒，就不再害怕交出自己，就會對世界與周遭的人敞開心靈，展現自己最真實的一面，也會有勇氣面對這個世界，主宰自己的生活，最終還能平靜地接受生命終將消逝的事實。從這個人的身上，我們就會看到人類生命能量的完美流動。

剝除防衛，保護那份脆弱易感的本質

信任意味著不必顧慮，展現自己真實的一面，允許自己呈現出脆弱易感的一面，不需要任何的自我防衛。

——《內在的探索》

在現代生活的壓力下，每個人都只顧著自己的步調，沒有精力去關注其他，出於自我保護，很多人在心理上建立了很多防衛，將自己阻隔在人群以外。生活中，我們就常會遇到一些猜疑心很重的人，他們終日惶惶不安，總覺得別人在背後說自己壞話，或給自己使壞，特別留意外界和別人對自己的態度，即使別人脫口而出的一句話他們也會琢磨半天，努力發現其中的弦外之音。而且這種人即使心有疑惑，也不願公開，更很少跟人交心，也就阻隔了外界資訊的輸入和人間真情的流露。

心理學教授科恩帶著一群學生做實驗。他讓同學們橫向站成兩排，然後示意後一排的同學做好救助準備，待他一喊「開始」，前一排同學就往後一排相對位置的同學身上倒。

科恩教授喊了「開始」，前排的同學按照科恩教授的指令，身子一點點向後傾斜，但是，大家明顯暗自掌握著身體的平衡，並不肯完全放鬆地倒在後面那個人的身上；後排的同學本來已經拉開了架勢，但由於前面送過來的重量太輕，他們也只好掃興地用手輕觸一下前排同學的衣服就算完事。

可是，有一位男生在聽到科恩教授的指令後，緊緊地閉上了雙眼，十分真實地向後面倒去。他的搭檔是一位小巧玲瓏的女生，當她感到他毫不摻假地倒過來時，先是微微一怔，接著就傾盡全力去抱住他。即使她有些心有餘而力不足，也誓死要撐住他……

這時，科恩教授笑著去握他和她的手，告訴大家說：「他倆是這次實驗中表現最出色的人。」

故事裡的其他同學都充滿防衛地輕輕向後倒去，不肯將自己完全地交給別人，他們的顧慮太多，猜疑太多，對別人沒有真正的信任。只有那位男生解除了防衛，為大家展現了他對搭檔的信任。信任就是真誠地抽乾心裡的每一絲猜疑和顧忌，連眼睛都讓它暫時歇息，百分之百地交出自己，允許自己毫無防衛地展露那份脆弱易感的本質。

信任能產生一股奇妙的力量。在一個自己信任的朋友那裡，我們會剝除自我防衛，覺得靠著他就可以安心地睡去，而不必擔心任何危險；我們可以無所顧忌地展現真實的自己，不會有任何負擔。信任是種子，深藏內心，遇到合適的機會，會吐露新芽，讓碩果掛枝頭。

我們需要常打開心靈的窗戶，真實地展現自己，讓心能夠通達，心靈的視覺能夠清晰。如果你相信別人，別人也會相信你。你以什麼樣的態度或方式對待別人，別人也會以同樣的態度或方式來對待你。就像故事中所講的那樣，因為信任，一個弱不禁風的女生也可以托住一個健壯的男生，一隻充滿了愛意的手可以托舉起一個美麗多彩的世界。

放下成見，你將獲益無窮

放下成見是沒有損失的，你反而會獲益無窮。當一個人放下他的成見時，整個人類都會受惠。

——《解脫之道》

在現實世界裡，你是否有過戴著有色眼鏡看人的經歷？你有沒有從心底裡厭惡一個骯髒、醜陋的人講話？例如：看到肥胖的胖子，就說「一副痴相」；看到面容黝黑的農夫，就自覺他一定認字不多；看到做生意的，就說「無商不奸」……我們的許多成見就由此得來。

很久以前，有一對衣著樸素的老夫婦沒有事先約好，就直接去拜訪哈佛校長。校長的秘書斷定這兩個「鄉下人」不可能與哈佛有業務來往，就推託說校長一整天都很忙，希望他們知難而退，自己離開。但他們說他們可以等，就一直在那裡等。

幾個鐘頭後，秘書沒辦法了，就去告知校長。校長心不甘情不願地接待了這對夫婦。女士告訴他：「我們有一個兒子曾經在哈佛念過一年書，他很喜歡哈佛，但是去年他出了意外去世了。我丈夫和我想在校園裡為他建一座紀念物。」

校長聽完覺得很可笑，就說：「夫人，我們不能為每一位曾在哈佛讀書的人豎立雕像。如果我們這樣做，我們的校園看起來就會像墓園一樣。」

那位女士急忙說：「不是，我們不是要豎立一座雕像，我們想要捐一棟大樓給哈佛。」

校長看了一下他們的打扮，說：「你們知不知道建一棟大樓要花多少錢？我們學校的每棟建築物都超過*750*萬美元。」校長以為這樣就可以把他們打發了。但只聽女士對她丈夫說：「只要*750*萬美元就可以建一座大樓？那我們為什麼不建一所大學來紀念我們的兒子？」

就這樣，史丹佛夫婦離開了哈佛，在加州創立了史丹佛大學來紀念他們的兒子。

校長以貌取人的成見使哈佛大學失去了一次極佳的發展機會，這個代價可謂不小。以貌取人是一種勢利和愚蠢的表現。當你以一種居高臨下的眼光打量他人的時候，別人也會以相同的態度「回贈」你。其實一個人外貌的美麗或醜陋，不等於這個人的內在氣質和涵養，而一個人能被別人器重、敬佩，取決於他的氣度、才智與涵養，並非是外貌。

一般人總是容易被表象所迷惑，然後對許多事物產生刻板的印象，因而產生不可磨滅的成見。美國作家沃爾特．李普曼在他的著作《公共輿論》中曾對成見做過這樣的剖析：「它是我們對自己自尊心的保護，是我們自身的意識、價值觀念、立場及權利在這個世界上的投射。」由此可見，每一個人都會陷入到某種特定的成見模式中，而我們所做的價值判斷，也是在這種成見模式下形成的，正因為成見的存在，我們可以說「任何理解都是曲解」。

成見就是人類內心的荊棘，人生道路上的種種挫折和遭遇都是種在人心田裡的荊棘之苗。如果不及時拔除這些荊棘之苗，我們的心中就會變成一片茂密的荊棘之林。其實身材的胖瘦與其聰明才智並不相干，行業與知識、學問也並非絕對相等，職業與人品的高低更不能畫上等號。盧梭曾經說：「人類的真正感情，最不應該被成見所束縛。」看似簡單的一句話，做起來卻實非易事。我們若能避開自己長久以來形成的偏見，必能對事情的真相有更正確的認識。所以，莫以相貌論英雄，不以成見定良莠，否則，你可能會為你的膚淺認知和錯誤成見付出巨大的代價。

挑戰極限，你的身體並不是你的止境

有時你會覺得自己很充實，有時卻覺得很渺小，但何不告訴自己：「你的身體不是你的止境。」

——《自我的真相》

我們每天生存所依賴的「眼耳鼻舌身意」都是有缺陷的、不完美的。我們人類的耳朵只能聽到有限範圍內的聲音，不能和能聽到超音波的海豚、蝙蝠相比。我們的眼睛只能看到一定波段內的可見光，不能像鴿子那樣可以看到數百萬種不同的色彩，更比不上有紅外線感知能力的蛇。由於這些感官上的限制，我們人類能做的事情少之又少，但是如果問你世界上最大的寶藏是什麼，答案就是：你自己。其實，我們的身體並不是我們的止境，每一個人的生命中都蘊藏著巨大的精神財富——潛能。在適當的時候，用適當的方式，這種潛能就可以發揮出無窮的力量，並能接二連三地創造出奇蹟。

世界心理學大師羅札諾夫的學生在一天之內就能學會一千兩百個外語單詞；而曾患有嚴重口吃的美國人喬·吉拉德藉由自身的努力居然成為全球最受歡迎的演講大師之一。當這些人透過不懈的努力向世人展現生命奇蹟的同時，還有一些人儼然是人群中孤獨的行者，遊走於自然之間，不斷向至高的生命發出挑戰。

電影《127小時》講了一個根據真人真事改編、展現生命終極力量的自救故事。故事中沒有超能力的主角在絕境中卻如同超人一般。他的一隻手臂被卡在峽谷縫隙中動彈不得，荒山野嶺叫天不應叫地不靈。但他沒有心慌意亂，怨天尤人，似乎從被卡住的第一秒起，他就相信自己一定可以逃出去。最正是這種求生的自信和強烈的欲望支撐他在漫長的127個小時裡用一隻手來尋求生存的所有可能。最終他親自截去自己的手臂，成功從巨石下逃了出來。

一份心理學研究報告表明，幾乎所有的人都只發揮出其能力的百分之十五。而其餘那百分之八十五則被恐懼、不安、自卑、意志薄弱及罪惡感所壓抑，得不到發揮。

佛洛依德曾利用無數的實驗來證實他的看法：人的能力、本性都存在於剩下的部分。這就是著名的冰山理論，佛洛依德將這些本能和習性形容成冰山，那些不被人所看到的絕大部分，稱之為「潛在意識」，是一種真實的而且不能忽視的力量。

我們現在所做的一切並沒有展現生命力量的全部。我們的身上還有很多未被把握的東西和大片未知的領域。這種潛在的「鑽石寶藏」會讓人類的肉體和精神產生意想不到的奇蹟和變化。

我們要知道，我們的生命並不是局限在狹小的空間，窄窄的地盤上的。我們可以足不出戶而知天下事，必然可以足不出戶而影響千里之外的事物。因此，我們不能目光短淺地相信：「我們的身體就是我們的止境。」只有不斷挑戰極限，眺望遠方，環顧整個世界，我們才能活出真正的自我。正如富蘭克．卡德勒在他的著作《重建自我——從陰影走向光明》中所說：「我們正生活在使我們深受局限的陰影之中，那裡埋藏了我們許多美好的東西，如果我們能走出陰影，我們就能釋放出生命原有的美麗，原本的我們可以更加出色。」

考量自己的局限，在每一刻盡力而為

人是不可能盡善盡美的。重點不在把事情做得完美，而是要盡力去做。最無懈可擊的態度就是盡力而為。

——《內在的探索》

在現實生活裡，很多人都少了一份從容。他們對人生抱有一種力求完美的心態，事事都要全力以赴，事事都不能落於人後，他們可能會因為衣服不好看而拒絕集體出行，也可能因為學識不足而不敢跟人談戀愛。但俄國唯物主義哲學家車爾尼雪夫斯基曾這樣說：「既然太陽上也有黑點，『人世間的事情』就更不可能沒有缺陷。」我們為什麼還要追求完美的人生呢？

有一只木車輪因為被砍下了一角而傷心鬱悶，它下決心要尋找一塊合適的木片重新使自己完整起來。於是，木車輪離開家開始了長途跋涉。不完整的車輪走得很慢。一路上，陽光明媚，木車輪看到了各種美麗的花朵，並與草葉間的小蟲親切地攀談；當然它也看到了許許多多的木片，但都與它缺失的一角不太合適。終於有一天，車輪發現了一塊大小、形狀都非常合適的木片，於是它將自己修補得完好如初，開始像從前一樣向前飛奔。可是欣喜若狂的完整的木車輪忽然發現，眼前的世界變了，自己跑得那麼快，根本看不清花兒美麗的笑臉，也聽不到小蟲善意的鳴叫，車輪停下來想了想，又把木片留在了路邊。

人生的許多苦惱都來自於人們心中的一個誤解：凡事必須做到盡善盡美，才能獲得如意的人生。而一旦人們踏上追尋完美的不歸路，生活便漸漸成了專門為他們捕捉過失的陷阱。我們總是懷疑自己做得不夠好，擔心愛我們的人會因此對我們感到失望。其實無論怎樣的生活都不會是一塊無瑕的玉，環境的變化往往出乎我們的意料，沒有人能夠時時刻刻應付自如。在面對生活時，我們會受限於自己不完整的認知，而對事情產生種種不確定感。而且每個人在能力上也都會有一個底線，如果超過了這個底線，勉強去做力不能及的事，那麼，再強健的人也可能摔跤。這也就要求我們對自己的能力和局限有一定程度的認知。

阿瑪斯在他的「鑽石途徑」裡就建議他的學生們去做「一個無懈可擊的戰士」。就是說，讓每個人考量自己的局限，完全投入眼前的每一刻，能做什麼就做什麼，不要求事事都能完美，只要在每一刻盡力而為，同樣會擁有生命的完整。

但是真正瞭解自己、認清自己又豈是一件容易的事情。只有經歷暴風驟雨的洗禮，雪壓霜欺的磨礪，在無數次跌倒中爬起，我們才能夠找到真實的自我，真正認識到自己的能力和局限；也只有這樣，我們才能正確地面對自己的對與錯、美與醜、善與惡，並從內心做到不怨天尤人。當我們再次面對事情時，就可以保持一種平常的心態，擁有一種無懈可擊的態度，也就能獲得徹底的自由。

發展本體的所有品質，做個完整的人

追尋真理和發展出理解力是生命中最重要的事。這會引導我們證悟本體，並發展出本體的所有面向。發展出本體所有的品質，我們就能變成真實完整的人。

——《內在的探索》

我們的內心常常在爭戰，與外界和自身存在著各種無可避免的衝突、矛盾。我們深知這些都是不好的、消極的、有害的，但又對它們束手無策，只好想方設法去消弭這些衝突矛盾，但人們通常採用的方法都只治標不治本，我們內心存在的這些讓我們感覺不對的問題並非無可救藥，只是我們失去了本體的某個面向而已。

阿瑪斯在他的「鑽石途徑」裡教人們運用不同的心理技巧進行內在工作，以便人們能夠發現哪一種情緒上的衝突讓本體喪失了某種品質。當我們找到衝突後，就會立刻徹底地去探索需求、渴望及創痛的原因，這樣我們就能回憶起那個失落的面向。最後，我們會碰觸到本體的融合性。那是一種融為一體的美好的愛，能夠消融掉我們的疆界感，使得我們與萬物合為一體。這是找到本體失落的面向最有效的方法。

我們要知道，僅僅一味地探索本體失落的某個面向或填補坑洞是沒有用的。本體的某個面向得到發展並不能讓我們瞭解生命的全部，比如說，如果一個人只發展出愛，而沒有真正的意志，那麼這份愛也不會是真的；如果一個人只有意志卻沒有愛，那麼就算他變成了一個強大有力的人，他也不會懂得什麼是真正的愛和人性。如果一個人有了愛和真正的意志，但是少了客觀的意識，那麼他的愛和意志就會朝著錯誤的方向發展，他的行為就會搖擺不定、有失妥當。我們必須認清生命中最重要的事就是追尋真理和發展出理解力。因為真理和理解力會引導我們發現和瞭解本體，並且能幫助我們發展出本體的所有面向。只有發展出本體所有的品質和面向，我們才可以稱為真實而完整的人。

為了成為一個完整而真實的人，我們就需要用專注、誠懇和奉獻的精神來進行內在工作。因為每一個人都有一些需要克服的障礙，所以，我們不會要求每個人都必須擁有專注、誠懇和奉獻的精神，也不要求大家必須絕對服從或絕對信賴內在工作。盲目的信任或愛對理解自己沒有一點幫助。只要大家透過自己的經驗，並試著去理解自己，自然就會發現內在工作是否值得信賴，也會逐漸看到自己的障礙。我們在這裡所進行的內在工作，學到的鑽石知識，是一種理解的途徑，是要大家不繞圈子也不繞道地去除障礙，直接、徹底地理解自己。長時間下來，我們就能夠看透我們內心所有的衝突、恐懼、負罪感、憤怒和愛，也會越來越察覺到本體的品質。當我們徹底而完整地進行這份工作一段時間，我們就不會再有任何坑洞，慢慢臻於圓滿，最後，得到圓滿一致的本體。

第三章 探索內心的創傷

坑洞、創傷指的是和你失去聯繫的某個部分，也是你無法意識到的某個部分。這也意味著本體的某種品質不見了，比如愛、價值感、與人聯結的能力、力量等。從最根本上來說，我們真正喪失的其實是我們對本體的覺察。但我們也不必擔心，如果探索內心的坑洞和創傷，就會發現本體的某些部分並不是從此消失了，只不過是和我們斷了聯繫。

忍受並努力穿越來自童年的心理坑洞

允許自己忍受這些坑洞，並穿越過它們到達彼岸，對現今的時代而言是更困難的事，因為社會中所有的事都在抵制它。

——《內在的探索》

要想找到我們的本體，阿瑪斯認為我們首先要認識並穿越我們自身的「心理坑洞」。他所說的「心理坑洞」指的是與我們失去聯繫的本體的某個部分，也是本體的某種消失的品質，如愛、價值感、與人聯結的能力、力量等。需要注意的是，雖然我們已經無法覺察到本體的某些部分，但這並不意味著它們從我們的心靈中消失了，它們依舊存在著，只不過是我們自己和它們斷了聯繫，或者說它們在我們遲鈍、麻木的覺察力前隱身了。

我們心理上的坑洞通常是在童年時形成的，有一部分是我們受到的創傷，還有我們在成長過程中與環境發生衝突所造成的。當我們在被忽視的環境下生活，我們就很難發現自己的存在價值，我們的心靈就會感到匱乏，這種長久的匱乏會在我們的內心留下坑洞。

在許多電視劇和電影裡，但凡主角們有異常行為，往往會從他們童年的陰影裡去搜索原因：他們在童年時期，或被貧窮折磨過，或被人虐待過，或被父母拋棄過，或被欺騙過，或被非禮過，等等。長大後，他們就會有偏向於「惡」的行為，比如朝三暮四，誰也不信任，對他人施以暴行，等等。這些行為，多是由他們童年時期的不幸引起的，也就是他們內在的心理坑洞在起作用。

然而，大多數人只意識到自己這種匱乏的感覺，卻不曾分析過它產生的根源，也就沒有意識到心理坑洞所產生的負面影響。坑洞其實就是我們人生的障礙，為了填滿它，我們常常會陷入一個填洞的遊戲中。每當你感到空虛和匱乏，你就會想要透過滿足某種需求來讓自己感覺被填滿。坑洞也是一股強大的黑暗力量，隨時可能讓你內心的陰暗面浮出水面。當我們感受不到自我價值時，我們的內心會產生一種空空洞洞的感覺，同時還會感到匱乏和自卑，只想拿別人對你的肯定和讚賞等外在的虛假價值來填這個洞。

當我們帶著一身的坑洞四處奔忙時，往往無法察覺到我們內心存在的坑洞，而只能意識到自己想要被填滿的欲望。我們錯誤地以為外在的價值能夠應付這種痛苦的匱乏感，由此產生了種種欲望，比如「我想要讚美、我想要成功、我想要這個人的愛、我想要這種或那種的經驗等。」這樣類似的欲望和需求一旦出現，不僅不會消除我們的匱乏感，反而會使我們內在的坑洞更明顯。

我們在生活中會遇到各種各樣的人，經歷各種各樣的事情，但很少有什麼人或事能填滿我們所有的坑洞。即使我們和一些人建立了親密關係，他們讓我們感覺暫時被充滿，可是那些坑洞也無法被徹底填滿。而只要這些坑洞存在，我們的不滿足感就會一直持續下去。對方如果有一點變化，我們就會再次感受到那些坑洞的存在，不滿足感又會困擾我們。

因為外在的任何改變都會使坑洞動搖，於是不斷有洞被填滿，有洞空掉，這時我們就必須親自面對這些坑洞，去感覺這些坑洞的存在，甚至去瞭解它們。當我們允許自己去體會它們，又不試圖掩蓋它們，我們就會發現自己最根本的部分，並且從此清除了心中的坑洞，不會再體會到那份匱乏感了。

因為受創，本體被逐漸隔絕於外

每經歷一次痛苦和創傷，本體的某種品質就會減低。有時受創的是我們的力量，有時是愛，有時是價值感、慈悲、喜悅或直覺力。因為受創，它們才逐漸被隔絕於外。

——《內在的探索》

我們每個人的本體都是與生俱來的，而且當肉體隨著一種模式成長時，本體也會一樣成長。新出生的嬰兒所處的狀態被我們稱作「本體中的本質」，那是一種無分別的合一狀態。嬰兒在三個月的時候所處的是一種融合的狀態。在這種融合狀態後，力量就會最先跟著發展出來，接著價值感、喜悅和自我的本體等都會逐漸發展出來。隨著嬰兒不斷長大，他會受到環境的干預，還會與環境產生衝突，所以本體發展變得不完全。當我們每經歷一次痛苦和創傷，本體的某種品質就會受到影響，有時受創的是力量，有時是愛，有時是價值感、慈悲、喜悅或直覺力。因為受到創傷，這些本體的品質就會逐漸與我們隔絕。

當本體的某種品質被阻止、被隔絕於我們自身的經驗之外，我們的內心就會留下一個坑洞，它會製造出一種空虛、匱乏、空洞的感覺。當感受到這種匱乏之時，我們就會想要去填滿那個洞。但是因為那部分的本體已經被隔絕在外，我們就只好用一些相似卻錯誤的品質從外在填滿它，不過這種效果只是暫時的，有時還會引起負面的效應。

隨著時間不斷向前推進，我們內心的坑洞會日積月累地被各種情緒和信念塞滿。那些東西又會變成我們的身分、人格，讓我們以為自己就是它們。而且我們早已想不起當時發生了什麼或失去了什麼才留下的這個洞，只能夠感受到空虛及錯誤的品質，還有一些我們企圖用來補洞的概念。但一切還是在那裡，只是被壓抑了下來而已，那個洞清楚地記憶著我們當時受創的情境以及當時失去的東西。

某些人的本體還存留在身體的某些部位，但是對童年問題很嚴重的人而言，幾乎每件事都被壓抑下來，結果便造成了本位主義、陰沉的性格以及了無生趣的感覺。

對這些心理過程的瞭解，促成了「鑽石途徑」。現在我們能夠非常清晰而精準地引領人們回歸到他們的本質。首先人們必須學會去感受自己、覺察自己，然後才能得到有關自己的必要訊息。大部分人終其一生都缺乏自我覺察，因為他們一直在逃避那份空洞、虛假和不對勁的感覺。避免覺察是無法做內在工作的。

某些事確實能加強你的內在工作，不論你現在具備了多少意志力，多少對自己的愛以及對自己的瞭解，它們都能幫助你進行內在工作。你對於回歸到自己的本體一定懷有某種程度的開放性（不論你是否意識得到），此外你也一定具備某種程度的理解，你知道困難都來自於內在。如果你完全相信你的問題可以藉由賺更多的錢、變得更漂亮、擁有自己的孩子、買更好的車而得到解決，那麼你是無法進行內在工作的。做內在工作一開始就要認清，所有的困難都來自於內心，而我們所追求的滿足也來自於內心。

心理治療師對峙的也是這類議題。但一般而言，他們只能探索到那份匱乏感。他們瞭解那份匱乏感是來自於什麼樣的原始議題，並且能解除它們。他們只看到童年經歷所造成的空虛和衝突，但是他們不明白那份空虛感其實源自於本體。

如果跟一個能幫你探索到底的人一同工作，他會協助你認清你喪失的是什麼，而且能幫助你認出本體的主要特質，這樣你才能認識和發展出你的真實本性。我們所進行的內在工作，不只要回溯到童年，理解你的局限和衝突，同時要回溯到原始的坑洞，然後去檢驗它，但又不企圖填滿它。

現在你已經知道，你可以從任何一種情緒和困難下手，一直探索到最初始的匱乏為止。在過程中，你一直維持著觀察，對每項議題都探索到底，最後你就會想起你失去的是什麼。如同蘇格拉底曾經說過的：「能憶起它，你就會擁有它。你失去的每一樣東西，都可以藉由這樣的方式重新拾回。」

痛苦能讓你看到你在抗拒什麼

你的身體一產生緊縮，痛苦就出現了。痛苦能幫你看到自己在抗拒什麼，這便是它主要的任務。

——《自我的真相》

佛教經典中提到：人生有八苦，生、老、病、死、怨憎會、愛別離、求不得、五蘊盛。世界上的每一個人都無可避免地要經歷這八苦，無論是貧窮、富貴、卑微還是高貴，誰也逃不脫。在我們周圍，有些人無法去面對眼前已發生或者正在發生的那些不好的事情，也不敢去正視現實。於是，他們就放任自己去逃避、沉淪、墮落、醉生夢死，以為這樣做人生的痛苦就可以過去。可是如果他們的心還在痛苦之中沒有得到解脫，事情過不過得去就已經不重要了，他們的人生還是會充滿痛苦，他們還是會一樣的脆弱不堪。

據說在法國一個偏僻的小鎮裡有一眼特別神奇的泉水，它常常會出現各種神蹟，可以醫治各種疾病，也能達成人們的各種願望，十分靈驗。

有一天，一個拄著拐杖、少了一條腿的退伍軍人一跛一跛地走在鎮上的馬路上，向那眼神奇的泉水走去。旁邊的鎮民帶著同情的口吻說：「可憐的傢伙，難道他要向上帝祈求再給他一條腿嗎？」這一句話被退伍軍人聽到了，他轉過身對鎮民們說：「我不是要向上帝祈求一條新的腿，而是要祈求他幫助我，因為我在失去一條腿後，也知道該如何過好往後的日子。」

和這個退伍軍人不同，我們很多人總是不能認同或相信痛苦的感覺，更不要說去耐心地審視痛苦，與它和平共處。其實痛苦就是在暗示我們眼前所發生的事情都是不該發生的。當我們的身體一產生緊縮的感覺，痛苦就出現了，它就是在告訴我們必須看一看自己在緊張什麼、抗拒什麼。

當我們內心的緊張感積累到一定程度後，身體的任何一個部分都會產生痛苦的感覺。這是身體為了喚起我們的注意而利用痛苦發出的一種警示，也可以說是藉由痛苦在向我們吶喊，讓我們留意正在發生的那些不對勁的事。這時我們就該警惕了。從某個角度看，其實痛苦最主要的任務就是幫助我們看到自己在抗拒什麼，讓我們認清眼前所發生的事就是那份讓我們緊縮的感覺。所以，我們不能只是不認同痛苦，或者把它忘記就算了，必須去留意為什麼會有這種痛苦，藉著痛苦去瞭解自己的一些真相，看看你在抗拒什麼，緊張什麼，然後再想能讓自己消除痛苦的對策。

深刻的失落感是成長的機會

人們害怕並且習慣逃避內心的失落感，然而深刻的失落感往往是成長的機會，它可以使你更瞭解自己，並檢驗到那些你以為靠別人才能填滿的洞。

——《內在的探索》

在競爭激烈的今天，失落感已經成為了現代人的「多發病」、「常見病」，人們並不陌生。有的人在某個部門工作多年，即使不是領導也有實權，一旦調離，失去了手中的特權，辦事要低三下四求別人，他的心理往往就難以平衡，於是產生了失落感。還有一些退休的人，工作了幾十年突然閒下來，心理和生理上都難以適應，常常是坐臥不寧，寢食不安，想什麼都不順心，看什麼都不順眼，這就是失落感在作祟。失落感是由多種消極情緒組成的，當原本屬於我們的某種重要的東西被某種外在的力量強行奪走後，我們的內心就會產生苦惱、憂傷、沮喪、憤怒、徬徨、焦慮、抑鬱、悲傷、恐懼、孤獨等情緒，最嚴重時甚至會產生絕望、輕生、自殺等強烈的消極情緒，這些就造成了我們的失落感。

在生活中，我們總是無可避免地與失落感相遇，一旦現實與我們的願望出現了差距，失落感就會在我們心中產生。這些失落感在我們的心中留下了不少的坑洞，記載著那些令我們感到失落、痛苦和矛盾的事情。強烈的失落感會使人沉湎於過去的痛苦之中，還會使人忘記如何去改變並戰勝自己所面臨的危機。失落感是一種消極的情緒，而不是一種理智。一旦被失落感左右，我們就會在哀傷的痛苦中苦苦掙扎，不聽從理智的指揮，而陷入一種消極的情緒之中。因此，每當人們在失落的時候，就不願再想起那些讓他們難過、痛苦的經歷，就會選擇逃避，不去尋找和面對那些讓他們感到痛苦的原因，還常常會忘記了「應該做什麼」和「怎樣做」的重大問題，最後，甚至被這種痛苦的失落感所壓垮。

其實我們經歷的那些深刻的失落感正是讓我們自身成長的機會，它可以幫助我們更加瞭解自己，並且讓我們感受到內在的那些坑洞。但是很多人出於自我防衛，不讓自己去深入感受自己經歷的那些失落，而這種逃避就會使他們錯失與自己的本體相見的機會。因此，如果我們要重新拾回我們的本體，就必須在最深的層次上重新感受那份痛苦和失落。一旦有讓我們感到失落的事情發生，我們就要實事求是地看待自己、審視自己，既不高看自己，也不低看自己，既要瞭解自己的優勢，也要認清自己的不足。當我們越來越靠近那個因失落而產生的坑洞，我們就會重新經歷那些有關痛苦、失落和矛盾的記憶。一旦我們認清那些讓我們產生失落感的事情，被我們遺忘的本體也會重新活絡起來。

逃避不能根治傷痛，要勇敢面對內心的匱乏

各種美好的體驗都不會持久，除非真的能勇敢面對內心的匱乏和坑洞，並且能重新經驗一遍這些坑洞。

——《內在的探索》

其實，在一生之中，我們或多或少都會遇到一些意外和不如意的事情，我們常常可以看到周圍有不少人，他們或因工作、事業遭遇挫折而苦惱抱怨，或因家庭、婚姻關係不和睦而心灰意冷，甚至還會有人因遭受嚴重打擊而產生輕生的念頭，在這些困難面前，一個人的生命似乎總是那麼脆弱和無力負荷。當我們被現實折磨得喘不過氣的時候，我們第一個反應就是逃避，這可以說是我們的天性，也是一種本能。我們蒙上被子，希望一覺醒來之後事情就都已解決；或者決定放逐自己，背起行囊去遠方流浪；或者自暴自棄地沉浸在酒精裡，安慰自己說「一醉解千愁」。但是到最後我們會發現，除了死亡，我們找不到一種能得到徹底解脫的方法。

西莉亞自幼學習藝術體操，身段勻稱靈活。但一次意外事故導致她下肢嚴重受傷，一條腿留下了後遺症——走路有一點瘸。為此，她十分沮喪，因為害怕看見別人注視她殘腿的目光，她甚至不敢走上街去。為了逃避這一切，西莉亞搬到了約克郡鄉下。

一天，小鎮上的雷諾茲老師領著一個女孩來向她學跳蘇格蘭舞。西莉亞為了不讓他們察覺自己殘疾的腿，特意提早坐在一把籐椅上，看著女孩跳舞。可是那個女孩天生笨拙，一再跳錯，西莉亞不由自主地站起來示範——一個帶旋轉的交叉滑步動作。當她一轉身，西莉亞便敏感地看見那個學生正驚訝地盯著自己的腿。這時，自卑讓西莉亞無端地惱怒起來，她對這女孩大發雷霆。西莉亞的行為傷害了女孩的自尊心，她難過地跑開了。

故事中的西莉亞處於強烈的自卑當中，以至於無意識中傷害了別人。當一個人的心理處在最糟糕的狀態下時，他只有兩種結局：走向崩潰或是走向希望和光明，那就看他做出怎樣的選擇。有些人之所以一直困在自己的坑洞裡不能自拔直至崩潰，就是由於他們選擇了逃避，有的人利用花天酒地、瘋狂購物等感官的刺激和享受來逃避內心感受到的傷痛和匱乏；有的人選擇離群索居、冷漠對人來武裝自己。但這些逃避方式根本解決不了任何問題。身體上一時的歡樂與享受不可能持久，當狂歡結束或是從酒精中清醒過來，他們會被更大的空虛和傷痛包圍。而離群索居、冷漠對人也不能消除他們內心的自卑，反而會將他們推向一個孤立無援的境地，獨自承受所有傷痛。

如果我們能夠善待自己、接納自己，並勇敢地面對自身的創傷，克服逃避心理，那麼我們就能坦然樂觀地面對生活，擁有更完美的人生。誠如美國心理學家威廉·詹姆斯所說：「完全接受已經發生的事，這是改變不幸命運的第一步。」當我們心中出現了坑洞，我們要勇敢接受它們的存在，並且去深入感受那種匱乏感和痛苦，坑洞才會真正消失，我們才會得到真正的解脫和快樂。

自卑的產生源於自我價值感的遺失

譬如你失去了自我價值感，在某個階段如果你和它失去了聯結，就會留下一個洞。這個洞可能被經驗成自卑或低自尊，然而這並不是真正的感覺。

——《內在的探索》

在生活中我們經常會看見，甚至親身經歷這樣的事情：當一個人面對自身的缺陷或者覺得自己在某些方面和別人有差距時，往往會感到失落、消沉，乃至失去信心。我們通常把這種心理狀態稱為自卑，而我們每個人都或多或少地有過自卑的心理狀態。自卑像一個黑洞，會把自身所有的能量都吸進黑暗的深淵，常常為我們帶來極大的負面影響，甚至引導我們走向毀滅。

面對具有如此強大負面效應的自卑，我們該如何抵抗呢？

大多數時候，我們會告訴感到自卑的自己：你沒有那麼差，你還有其他的優點，你可以戰勝自卑……然而，面對自卑這種人類特有的心理（甚至說是通病），激勵真的可以徹底治癒它嗎？即使我們能夠因為鼓勵暫時打起精神，但我們並非能夠永遠避開這種情緒。等到積極的熱情退去，我們可能又重新回到自我質疑的消極情緒之中。這就是所謂的「治標不治本」。當我們無法依靠外在的力量來治療自己時，不妨換一個角度，從自卑本身來剖析這個問題。

人們在感到自卑的時候，往往會膽怯、軟弱，甚至會覺得自己一無是處，找不到自己的存在價值。我們也可以這樣認為，當失去了自我價值，沒有堅定的自我肯定來支撐，我們就可能會因為某些不足或缺陷而失去自信。

其實那些功成名就的成功者也曾有過自卑的時候，只不過他們都克服了自卑的心結，找到了他們人生的自我價值，所以，我們現在在他們的身上看不出自卑的蛛絲馬跡，只看到他們自身價值所帶來的光環和榮耀。

當然，我們的人生價值並不一定要追求這種萬眾矚目的光環，你需要確定的是自我價值的存在，用價值感來對抗銷蝕自信的自卑。從上面的例子我們也可以看出，自卑並非不可戰勝，我們可以用自己的價值來掩蓋，甚至清除自卑的陰影。

但是，我們該如何尋找自我價值感呢？

自我價值是一直存在的，只是有時我們感覺不到它，或是沒有發掘它的力量。有人認為自我價值感源於別人的認同和肯定，其實這是一種自卑的表現。當沒有別人讚揚或肯定我們時，我們的內心會感到失落和挫敗，進而否定自己，產生難以彌補的心理坑洞。雖然有些人會因為別人的誇獎而建立信心，進而走向成功，但這畢竟是少數人。而且他們能夠成功最根本的原因在於他們具備強大的精神力量和內在潛力，那句讚美只是點燃了他們實現自我價值的火焰而已。

總之，自我價值需要建立在自我認識後的自我認同上。尋找遺失的自我價值，就是尋找真實的自己。沒有人稱讚你，並不代表你沒有價值，你必須客觀公正地看待自己並且肯定自己，敢於面對自己身上的缺陷和弱勢，並且用自己強大的內心和手中的優勢去戰勝不利，獲得自我認同，堅定自我價值。由此我們可以深信，自卑的反面不只是單純的自信，而是更深層次的自我價值感。

痛苦與挫敗會將天真的本性轉為恐懼和不信賴

痛苦和挫敗感一直持續下去，就會使這整個有機體無法統合，孩子就會開始體驗到生存的痛苦，天真無邪的本性就會逐漸轉變成恐懼和不信賴。

——《解脫之道》

有時候，我們會莫名感到害怕；在人群中會突然覺得沒有安全感；在最簡單的事情上也做不了選擇；和異性相處會感到擔心和不自然；努力去愛自己的戀人卻又不斷傷害他。這些都是因為我們的內心結著恐懼的厚繭。它來自我們的童年，卻又控制著我們的現在。

當我們還是嬰兒時，我們的內在有一種與生俱來的自信，這裡面沒有任何的欲望和恐懼，是一種天真無邪的狀態。初生的幼兒第一次體驗到喜愛或拒絕，被喜愛或不被喜愛，完全取決於周圍的大人。天真無邪的嬰兒用他特有的靈敏來捕捉每一件細微的事情，如大人們看他的眼神，如何與他接觸、如何對待他，怎樣與他相處。幼兒如果一直得到大人的精心呵護以及周圍環境的支援，他的天真無邪將會發展成一種毫不懷疑的信賴。但是因為幼兒還沒有具備向外界反擊的能力，所以一旦遇到他們難以消化的強烈巨大的痛苦和挫敗，他們就會自動地向外界尋求幫助，如果向外尋求幫助無果，他們就會被巨大的恐懼感所淹沒，從而在內心留下難以磨滅的坑洞。

丹麥影片《傷心潛水艇》就深刻地探索了童年創傷對人生命運的巨大影響。電影講述了一對生活在一個缺乏溫暖的單親家庭中的親兄弟的故事。父親不知去向，母親雖然在家，卻對孩子們不聞不問，每天只顧著喝酒，一不順心還會暴打孩子。兩個未成年的小兄弟只好相依為命，同時還要照顧剛出生的小弟弟。但是由於兩兄弟的一次失誤，小弟弟不幸夭折了，他們感到痛苦萬分。

成年後，兩兄弟在一個城市裡過著互不交集的生活，但他們都擺脫不了童年的陰影。少年時期常被母親暴打的哥哥，遺傳了母親的暴力傾向，成了監獄中的常客。除了藏在心底的對弟弟的愛，他獨自一人在暴力、自閉和冷漠中生活。而為了緩解內心的痛苦，他甚至自殘了右手。

弟弟變成了一個單身父親，他細心照料年幼的兒子，卻因繼承了母親自我麻醉的本性而陷在毒品中無法自拔。他們在現世忙碌地學著去愛、去理解、去遺忘，但是那些沉重的陰影卻將他們綁得死死的。最後，兄弟倆在監獄中相遇。弟弟因為不能忍受毒品的折磨而自殺，而出獄的哥哥則承擔起照顧小姪兒的責任。

一個人童年缺失的期望會一直伴隨他成長，並影響他成人以後的生活和與人相處的模式。生活中總有一些免不了的痛苦和挫敗來折磨幼兒無瑕的內心，隨著年齡漸長、經驗漸豐，幼兒的天真無邪就會被一點一滴地腐蝕掉。當他們感受到生存的痛苦，卻又無法自我消除這種痛苦時，他們天真無邪的本性就會轉化為恐懼和不信賴。

每一個痛苦感覺的背後都有一個故事在指向過往的痛苦和心碎，當內心的創傷重現，我們就要試著去修復自己不完整的部分，看清這種痛苦來自什麼地方，並試著去接受這份感覺，這就是我們內心坑洞被填滿的開始。

覺知情緒，但不壓抑也不發洩

不要耽溺在情緒化反應之中，要一直保持覺知，不壓抑情緒也不釋放它們，只是不把情緒展現出來。

——《無可摧毀的純真》

我們都是凡人，不可能永遠都不發怒、不煩躁、不鬱悶，也不可能永遠都心情很好地開始每天的生活。可是當你對周遭的人發洩你內心的怒氣和煩躁的時候，你想過會發生怎樣的後果嗎？這種不負責任的宣洩會不會損害你的利益？會不會動搖你在別人心目中的地位？

*1936*年*9*月*7*日，世界撞球冠軍爭奪賽在紐約舉行。路易士·福克斯開始時的得分一路遙遙領先，只要再獲幾分就能夠拿到冠軍了。就在這個時候，他發現有一隻蒼蠅落在了主球上，於是他揮手將蒼蠅趕走。可是，當他俯身擊球的時候，那隻蒼蠅又飛了回來。路易士只好又用手將牠揮走。然而沒想到的是，那隻蒼蠅似乎專門和他作對似的，來來回回地在他的眼前飛來飛去，一會兒落在主球上，一會兒又在眼前轉動。這下可把路易士激怒了，他用手抓也抓不到，趕也趕不跑，心裡面又急又恨，在場的觀眾也發現了那隻蒼蠅和路易士憤怒時滑稽的表情和動作，不禁哈哈大笑起來。可那隻蒼蠅仍不依不饒地在他周圍嗡嗡地飛著，路易士頓時狂躁到了極點，憤怒地用球杆去擊打蒼蠅，而球杆恰恰碰到了主球，裁判做出擊球的判定，他因此失去了一輪機會。

一路凱歌的路易士頓時方寸大亂，內心既憤怒又暴躁，在接下來的幾個球中，他連連失利，而對手卻愈戰愈勇，終於趕上並超過了他，最後將冠軍的頭銜摘走。第二天早上，人們在河裡發現了路易士·福克斯的屍體，他投河自盡了。

憤怒就這樣輕易地毀滅了一個世界檯撞球名將。情緒是人類內心深處的一種思想情感，它往往會被外界的事物所影響、所控制，並隨之搖擺不定，而我們自身常常會沉溺在某種強烈的情緒中難以脫身。當我們陷入一種情緒的漩渦時，理智就很難涉入了。一個人如果不能夠好好地約束自己的情感，好好地控制自己的情緒，而單憑好惡或感覺去判斷外界的人和事，則很容易陷入盲目樂觀、焦躁、惱怒或鬱悶中，為自己及他人帶來無盡的傷害和痛苦。

那麼，我們要如何與自己的情緒和平共處呢？隨意宣洩情緒只能把事情搞砸，而絕對不能使事情得到完美解決。當然，為了不遷怒於人而壓抑自己的情緒也不是我們對待情緒最好的方法，將負面情緒壓抑在心中，不但不能解決我們存在的問題，還會讓我們走向另一個極端。阿瑪斯認為：「所有的情緒都是自動化反應。」就是在告訴我們，情緒是從一種幼稚而又原始的需求中產生的，所以我們只要對情緒保持一種覺知就夠，不發洩，也不壓抑，當然也不是說要制止情緒，而是對情緒不產生任何反應。對情緒產生反應只是一種幼稚又原始的需求。一個人變得越真實、越成熟，就越不想彰顯自己的情緒，只會把對情緒的體悟放在心中。覺知情緒的重點不在於展現情緒是好是壞，而在於人必須自重以及誠實地面對自己。

了悟一體性，治療「單獨存在」的創傷感

你的內心深處埋藏著非常深的哀傷和創傷感，那是一種脫離了一體性的創傷感，只有了悟你與眾生本是一體，才能停止這種感覺。

——《無可摧毀的純真》

人是一種社會性的動物，喜歡群居，害怕孤單。很多人的內心深處都埋藏著一種「單獨存在」的創傷感，這種創傷感也就是我們平時所說的孤獨。

有時在節日裡，在晚會上，在人群中，你會感受到一種無法融入其中的悲傷。很多時候，因為有其他人在身邊，要顧及別人的感受，我們會壓抑著自己的欲望和想法去適應別人。比如，和朋友一起吃飯，你喜歡吃辣，而朋友不能吃，所以你得考慮朋友的口味；一家人看電視，你喜歡看體育節目，而其他人都想看連續劇，所以你只得少數服從多數；大夥兒一起去公園玩，你想玩小孩喜歡的碰碰車，大夥卻取笑你幼稚，所以你只得放棄……一來二去，你的內心在這些不斷的妥協退讓中埋下了很深的哀傷，那是一種喪失了自我，找不到歸屬的孤獨感。

孤獨是自古以來就存在於人類內心的一種巨大的創傷感，它讓我們產生了無法融入這個世界的空虛感。即使用盡各種方式想去找回那種與眾生融合的感覺，我們的內心深處還是會有一種不滿足感。對於生活在現代社會中的我們來說，孤獨也是現代文明帶給我們的一種「文明病」。電視、電子遊戲、電子寵物、音響以及名貓、名犬等寵物，加之陽臺上各種各樣開放得不合時宜的花草，都是讓都市人走向孤獨的罪魁禍首。有些人在生活中離群索居，形單影隻，內心備受孤獨的煎熬。而這些被孤獨感籠罩的人，長期精神壓抑，心理失衡，甚至最終會喪失繼續生活下去的勇氣和信心。這些都是因為我們對一體性沒有覺察和體悟的表現。我們不斷想要滿足自己的各種需求和欲望，以此來讓那種單獨存在的感覺停止，卻忘記了去覺察和體悟一體性對我們的重要性。

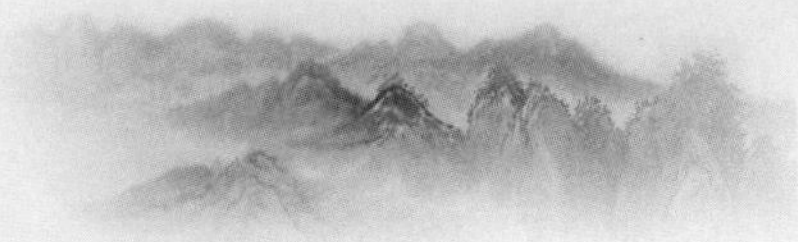

你要明白，你與眾生本是一體的，我們每個人都是人類這個整體中的一部分。如果你把自己看作個體，沒能認清一體性才是萬事萬物的真相，反而認為自己是個單獨存在的人，你就會一直徘徊在巨大的孤獨裡，繼而產生一種急切想與眾生再度融合的渴望。所以，我們要想擺脫孤獨，就要真正洞見「萬事萬物都是一體的」，還要從心底裡認清：我們從前想擁有的都是表面的東西，真正能讓我們的心快樂起來的，只有對一體性的了悟。只有了悟一體性，我們才能達到萬物合一、生命永恆的境界。在這種境界中，你「可以傾訴一切」，「可以誠實坦率地向萬物說話」，這時所有的疆界都會化成空氣一般的存在讓你自由穿越，而你內心那種創傷感也會完全止息。

第四章 探求世界的真相

我們所有的抗拒、殘渣、想法以及過去所累積的一切，都阻礙著我們探求真相。只有將這一切拋開，我們才能看到眼前完整的真相，而不需要依賴經驗或過往所學到的一切。若是能不受任何影響地認清眼前的真相，我們就能徹底跟自己的真相共處，真的知道自己是誰，將去往何方，並能得到最終的滿足。

真相是我們的本質，更是一個完整的畫面

真相不僅是事實，也不只是我們所相信的某件事，它是更大更完整的畫面。「真實」這個詞更寬廣的內涵就是把每件事都納入考量。

——《內在的探索》

當看到初生的嬰兒時，我們會想：這個小生命從何而來？當我們的親人朋友告別人世，我們又會發出疑問：他將去向何方？而面對都市裡熙熙攘攘的人群，我們會想知道到底是什麼構成了他們生命的流動。隨著人類文明的不斷發展，人類就一直在不斷思索和探究生命中的真相。

真相究竟是什麼呢？真相就是指事物的本來面目和真實情況，在佛教中稱為實相，即實實在在的心境、實實在在的相貌。真相對於我們每個人都至關重要，因為真相就是我們的本質。一旦把真相釋放，我們就解放了自己。但真相並不是我們用來解放自己的某個東西，它就是我們的本體。

凡是透過尋常方式而得到的東西都是我們已經知道的一些老舊的事物，不會給我們帶來任何的新鮮感。只有真相會不斷讓我們感到新奇和驚訝。因為真實的人生本是一種永無止境的揭露過程，它會帶給我們接二連三的驚奇，讓我們永遠不會知道事情會怎麼發展，所以我們必須毫無預警地去保護自己。當我們知道真相是什麼以後，即使處在痛苦裡，我們還是會有滿足感，因為知道真相的我們和本體更貼近，也就更能做自己。

蘇菲派的逸事裡有這樣一句話：「如果你為了真理而愛真理，你就會得到解脫。」因為我們自己就是真理，認識自己就是認識真相，而我們生命最終的真相就是我們的本體。

佛教徒日常所做的修行、參禪所參的就是關於宇宙萬法的實相。我們這裡進行的內在工作也是一樣，就是要探求真相，也就是探求我們的本體。但是在認識真相前，我們要先瞭解誠實與真實的關係。

我們將所有發生的事情毫無保留地告訴一個人，沒有一點謊言，這就是誠實。但是我們對一個人誠實就說明我們在真實地活著嗎？這樣的誠實能使我們得到解脫嗎？雖然認清事實可以幫助我們發現真相，但是，這種告知事實的誠實都會有局限，它並沒有考慮到所有的真相。因為事實中含有真相，真相之中也含有許多事實。由此可知，誠實並非真實，它只是真實的一小部分而已。

總之，我們必須認清真相是一種比事實更大、更完整的東西，它將所有的事實都納入了它的範圍。這就要求我們必須深入地探索擁有的事實。當我們探索得越深，其中的真相就越自然地貼近我們的真實身分，我們也就越能看到真相。就這樣不斷地探索下去，一直到我們抵達某個點為止，我們所能看到的已經沒有任何事實而只有真相了。

內在工作的目標就是探求真相

我們所進行的內在工作就是要探求真相，在我們所謂的三個面向達成平衡，這樣我們就會看到更多的真相。

——《無可摧毀的純真》

我們在看電視或電影的時候總會聽到類似的對白，一個人問另一個人：「你為什麼不告訴我真相？」另一個人回答說：「我告訴你的這些事就是真相。」這時，我們也許會感到疑惑，真相由別人告訴我們就能得到嗎？其實他們口中所說的「真相」指的是事實，而不是能夠讓我們得到解脫的真相。我們能夠看到的或是能夠感知的客觀存在都是事實，而事實並不是我們進行內在工作的目標——探求真相。事實只能指出真相的某個面向，而真相比事實更加完整。但是，我們一開始只能看到事實，所以我們必須透過這些事實才能找到真相。事情是什麼樣，就是什麼樣。我們必須如實地看待它們，而不能只看心中的期待。

我們每個人不可能都像蘇格拉底那樣，心中有不斷告訴我們什麼是真的，什麼是假的聲音。為了能真正探清真相，得到解脫，我們只有進行內在工作。

內在工作就是對我們自己的內心下工夫。進行內在工作就是要我們認真觀察當下所發生的事實以及我們對這些事實產生的反應，還要求我們能夠看清我們對自己、別人和當下抱有什麼態度。這也就要求我們必須對我們內心的活動和反應保持警覺，並且要在事情發生的當下就覺察到這些。

透過內在工作，我們就能理解內心的恐懼、憤怒和痛苦，然後可以從這些恐懼、憤怒和痛苦中解脫出來，而由人格產生的那些虛假反應也會因為這份理解而失去它們的力道和韌性，於是，我們的自由度和心量就會越來越大，我們就能更深刻地感覺自己，我們的行動也會變得更自由，和別人的互動也會更自在。這就是我們進行內在工作的益處。它能幫助我們更清楚地認識自己，讓我們能覺察自己的感受、態度和思想。

當然，如果無法認識真相，內在工作就沒有任何價值和意義了。所以我們要保證毫不費力地進行內在工作，因為事情是怎麼樣就是怎麼樣，我們只是在不斷對它進行探究，不需要費力地去探究真相。只有在我們抗拒真相的時候才需要費力，看待真相是不費力的。真相不需要倚賴任何聲音來轉化或浮現，我們就能轉化所有事實的真相。缺少了我們，事實就變得沒有用處了。當我們無法透過計畫或期待來發現真相時，我們必須確切地知道當下發生了什麼事。一旦我們確切知道當下所發生的事，就會自然而然地看見更深的真相。

對真相感興趣，就會有一種巨大的解脫感

我們可能不依據欲望、衝突、希望、渴求、過去、未來或努力而行事，只是無動機地對真相感興趣。這種無動機的對真相的興趣，就是一份巨大的解脫感。

——《解脫之道》

只有真相才能使我們得到自由。除了真相，其他的覺知和事實都不能給我們帶來解脫感。如果我們一直為欲望、衝突、希望、渴求、過去、未來而忙碌奔波，是不可能體會到任何解脫的感覺，反而會被這些東西束縛，進而失去與真相相遇的機會。

有一位大寺廟的方丈，因年事已高，就將他的兩個得意弟子法諱和法名叫到面前，對他們說：「你們誰能從寺院後面的懸崖爬上崖頂，誰就是我的接班人。」

那個懸崖極其陡峭，令人望而生畏。法諱先開始攀爬，但不一會兒他就摔了下來。他沒有放棄，站起來重新爬，卻屢爬屢摔，最後氣力耗盡，重重地摔倒在一塊大石頭上，昏了過去。

接著，法名向崖頂攀爬，最初也是屢爬屢摔。後來，法名突然放下了繩索，向山下走去。旁觀的眾僧十分不解，開始議論紛紛，只見法名到了山下，沿著一條小溪逆水而上，穿過樹林，越過山谷，最後，沒費什麼力氣就到達了崖頂。

當法名重新站到高僧面前時，高僧將衣缽錫杖傳給了法名，並對大家說：「攀爬懸崖，意在考驗我們的心境，能不入名利牢籠，心中無礙，順天而行者，便是我中意之人。」

讀完這個故事，我們可以得出這樣的結論：法諱具有強烈的動機，這種動機使他蒙蔽了心智，忽視了客觀條件的艱難，從而做出了向崖頂攀爬、屢爬屢摔的錯誤決定；而法名不同，他選擇了一種無動機的對真相的興趣，這對心靈來說是一份巨大的解放感，讓心進入了自由之境，最終做出了正確的決定。想像我們的心沒有任何活動，不希望什麼，也不想達成什麼；想像我們獨自一人坐在那裡，心裡既不想達到任何目標，也不想得到開悟，更不想排解什麼煩悶憂愁，那不就是一種毫不在乎、完全放鬆的解脫狀態嗎？

其實，我們在嬰幼兒時期就是處在這種狀態中，我們從不認為在我們的身體還有一個必須擺脫掉的人格，也不知道有所謂的開悟或本體這種事，我們只是做自己想做的事罷了，那便是一種自然的狀態，一種天真無邪的狀態。在這種狀態裡，我們就會有那種巨大的解放感。所以在我們生活或內在工作時，我們都要保有這種無動機的對真相的興趣，並從這種全然無動機中感受那份解脫感。

覺察真相是一種最深的信任

當我們知道一個人是客觀的、致力於發現真相的，我們就會對他產生信任。覺察真相是最深的一種信任，因為真相能超越受傷或不受傷，感覺好或不好。

——《內在的探索》

人們通常所說的信任有三個層次。第一個層次的信任是指我們所信任的那個人不會傷害我們；第二個層次的信任是指即使我們信任的那個人傷害了我們，我們也相信他，因為我們知道他是為我們好；第三個層次的信任是指一種客觀的信任，即我們知道那個人不論對人對事都是十分真誠而客觀的，而且那個人也是致力於去發現真相的，所以我們就會對那個人產生信任，這是一種最高層次的信任。出於這份信任，我們也願意向那個人開放自己。即使我們一時無法看清那個人的所作所為和當下所發生的事是否對我們有益，即使他的所作所為帶給了我們一定的傷痛，我們還是不會對其有所隱藏和逃避。

由此可見，最終能夠讓我們信賴的只有真相，這不但包括我們自己內在的真相，還有別人內在的真相和某種情況的真相。真相可以產生信任，覺察真相就是一種最深的信任，因為真相自身能超越任何創傷和痛苦。一旦我們能看見真相又沒有失去信任的能力，我們的信任就會非常堅定。

我們自身的局限常常使我們只能感受到某種品質而忽略其他的品質。那些被我們忽略的品質就會隱藏，只有當本體逐漸被揭露，真相逐漸顯現時，它們才會出現，這時創傷也就會顯露出來。伴隨著創傷的議題，我們會升起對自己和他人的仁慈之心，但這裡所說的仁慈並不是指那種能使人減輕痛苦的同情，而是說我們心輪的能量打開了，也就是說我們的內心不再麻木冷漠，而是充滿了信任和愛。當我們相信自己有能力並且願意去體驗自己內心的創傷時，我們就會看到真相，我們就能對人、對事都擁有最深的信任。

如果我們想要看到真相，就必須讓自己去深刻體驗內心的創傷，這並不是故意要我們想起不好的回憶，或是讓自己再次受到傷害，而是讓我們的內心產生一種信任。因為，通常我們對痛苦所產生的憐憫和同情都是一種最膚淺的認知，只有當我們擁有了第三個層次的信任，我們才有能力承受痛苦，並且和痛苦合一，最後到達真相。也只有這份信任可以幫助我們體驗內心的創傷，使我們看到真相。這也是我們內在工作所要努力的目標——帶領我們信任或產生慈悲之心。但這些努力並不是為了減輕我們的痛苦，而是要讓我們發現真相。

透過概念往外看，是看不到真相的

當我們透過概念來看事物，同時還會根據過往的歷史產生一些聯想和反應，這樣除了自己的概念，我們再也看不見世界的真相了。

——《無可摧毀的純真》

我們對於生活的體驗往往是第二輪的，特別是生活在都市中的人，總是先看見大海的圖畫，然後看見海。在還沒有認識這個世界和認識自我之前，我們就已經學會了一些東西，我們從父母、社會、書籍、電視等媒介那裡獲得各種認知和概念，不論我們走到哪裡，我們所經歷的都是一些已知的內涵。

我們的世界、我們的人生以及我們自己都早已被設定好了。當我們看著外面的世界，只能看到各種概念，還有因過往的歷史和父母的教導而產生的一些聯想和反應。而我們產生的感覺都早已有了名稱，我們不但知道它的名稱，而且也早已知道該對它產生什麼樣的反應。就像我們在懂得愛之前，早已經透過愛情小說瞭解了關於愛的各種表現形式，如送玫瑰花、吃燭光晚餐、寫情書或情詩等，這些關於愛的形式氾濫以後，我們就會想當然地以為愛就是這樣的，從而讓自己僵化在愛的形式裡。

我們所謂的增長知識不過是記得一些已有的概念，我們的感覺、行動以及對自己的看法也形成了概念和知識。隨著知識的不斷增長和經驗的不斷積累，我們的世界、自己以及人生會變得越來越狹窄、老舊、僵化，不再有發展和成長，也不再擴張和深化。最後，除了自己的概念之外，我們再也看不到世界的真相了。

我們自以為什麼都知道了，如自己是誰、世界是什麼、存在是什麼等，但其實我們知道的只是一些概念和知識。概念和知識不僅僅是頭腦裡的知識，它們有時甚至會左右我們的主觀經驗，讓我們和我們的世界被僵固起來。我們緊抓著這些概念和知識不放，只會讓它們變得越來越堅實。生活在充滿概念和知識的世界裡，我們喪失了能夠帶來自由、驚喜和新鮮感的神秘性。我們親手把世界變成了陳腐不堪、喪失活力的東西，也讓自己的心靈不能夠解脫。

如果想讓心靈解脫，擺脫那些頭腦裡定義出來的東西，我們就必須看見所有已知事物的真相，就要成為一個嶄新的人，以嶄新的方式看待知識、放下老舊的概念、不再執著於頭腦的活動、也不再把知識當成終極目標。只有向這些概念發出挑戰，我們才能超越以往學到的概念、發現真正的實相。一旦我們洞穿了所有已知的概念，我們就能真正探索到超越心智的實相是什麼。當我們開始向所謂的世界和心智挑戰，勇敢地去質疑這個世界的真相並能夠如實而直接地感受當下的真相時，我們就可以看見一直存在於那裡的真相。

在體驗自我時，只有看見真相才能滿足

真相會令我們覺得自己越來越真實，越來越能安住在當下，生命會顯得更有意義、更令人滿足。這種圓滿和知足的感覺，不可能經由別的方式而達成。

——《內在的探索》

人類帶著各種嚮往和欲望在現實裡生存，難免會遇到一些困難和一些自己解決不了的事情。當我們想要的太多而得到的太少時，我們的內心就會感到痛苦和失落，各種消極的情緒也會出來折磨我們的內心，讓我們陷入現實的困境中。為了能讓自己不再痛苦，我們會建立起各種防衛機制，製造很多謊言讓我們相信自己是強壯的、快樂的和勇敢的。我們用這些自己信以為真的謊言來對抗無意識中的脆弱、憂傷和怯懦。但是，當我們認真地審視我們的謊言時，我們就會發現謊言深處的空虛和匱乏。除了看見真相，其他的方式都不能讓我們走出困境或感到滿足。

在沒有看見真相以前，我們吃了很多苦。我們不明白為什麼會經歷這麼多痛苦，當透過別的方式得不到解答時，我們就開始嘗試著對自己的內心下工夫。我們希望藉由內在的工作來去除眼前的困境，或停止心中不斷出現的恐懼。當我們深入地探索內心，我們發現心中產生了一股強烈的動機，迫切地想要體驗自己，即使這帶給我們一種痛苦的感覺，我們依然想深入到底。在這個體驗自己的過程裡，我們已經忘記了想要去除困境、停止恐懼的動機了，只是渴望能夠認清真相。這時，不論有多麼困難，我們還是會想看見真相，因為看見真相能帶給我們一種滿足和輕微的喜悅。如果我們能在當下安住在我們的身體，那麼就會更加接近我們的本質和真相。這樣我們才能知道什麼是真和什麼是假，並且會和那股細微的真實感越來越貼近，直到它變成一種實在的東西。那時我們也會真正瞭解到那股滿足和喜悅的感覺是從什麼地方產生的。

看見真相也就意味著要發現我們真正的信念和我們無意識裡的動機是什麼。如果我們正處在巨大的痛苦中，看見真相就能幫我們度過痛苦。但我們通常會掩蓋住內心真正的信念和動機，直到我們的內心生出對真相的渴望。要知道，那份渴望深刻而強烈，沒有任何東西能夠阻擋得了它，直到我們探索到最深的真相為止。

當我們體驗到的真相越來越多，並真的深入到當下的真相之中，就會產生這樣的念頭：「是的，那裡面有某個東西是我想要的。」還會深刻地體會到自己越來越真實、越來越能安住於當下，而且不論快樂還是痛苦，生命都顯得更有意義、更令人滿足。因為真相的介入，我們過往的經驗從此充滿生機，並有一種圓滿和知足的感覺。我們周圍的每一件事也都變得越來越真實和具體。但是這種滿足感不可能藉由別的方式實現，只有真相。

對當下進行思考，我們將會發現更深刻的真相

如果我們檢視當下的個人經驗，對每一個當下的真相進行自由的、獨立的、自我的探索，我們將會發現所有層次的真相。

——《解脫之道》

我們一直在探討有關真相的問題，世界上有著各種各樣的真相，可是我們每個人都有屬於自己當下這一刻的真相，我們必須貼近跟自己當下這一刻有關的真相，否則就無法解決問題。我們當下所經歷和感受到的是屬於我們自己的人生體驗和感官覺知，這就意味著我們必須親自去檢視和思考當下的一切。

佛家常勸世人要「活在當下」，就是要求我們要將全部的能量都集中在這一刻，集中在現在，生命因此會生長出一種強烈的張力，也會慷慨地將更深刻的真相展現出來。聖嚴法師曾這樣教誨世人：「未來的是妄想，過去的是雜念，保護此時此刻的愛心，才是禪修者的任務。」然而，世俗之中又有多少人能專注於當下？世人常常是背負著過去，憂慮著未來，而對眼前的一切視若無睹，所以很多人永遠都看不到生命的真相。

日本的親鸞上人九歲時，就已立下出家的決心，他要求慈鎮禪師為他剃度，慈鎮禪師問他：「你還這麼年少，為什麼要出家呢？」

親鸞說：「我雖年僅九歲，父母卻已雙亡，我不知道為什麼人一定要死亡？為什麼我一定非與父母分離不可？為了探究這層道理，我一定要出家。」

慈鎮禪師非常嘉許他的志願，說：「好！我明白了。我願意收你為徒，不過，今天太晚了，待明日一早，再為你剃度吧。」

親鸞聽後，非常不以為然地說：「師父！雖然你說明天一早為我剃度，但我終是年幼無知，不能保證自己出家的決心是否可以持續到明天。而且，師父，你年事已高，你也不能保證你是否明早起床時還活著。」

慈鎮禪師聽了這話，拍手叫好，並滿心歡喜地說：「對的，你說的話完全沒錯！現在我馬上就為你剃度吧！」

每一分鐘的我們都在發生著微妙的變化，所以我們並不能活在已經成為過去的昨天，也無法透支未知的明天。我們能夠把握的只有當下這一瞬間，只有眼前明明白白的每一分，因為每一秒都蘊藏著我們生命最大的真相。只有我們毫無偏見地安住在當下這一刻，並且親身探索其中的真相，真相才會徹底地展露在我們面前。

很多時候，我們卻會受到別人的左右，而失去了自己的堅持，一味地跟隨某個人所說的話。但即使那人的話中有著很深刻的哲理，那也跟我們當下的經驗毫不相干，沒有必要去知道它。別人的話還會妨礙我們看清眼前的真相，所以我們要珍惜自己當下的經歷，並對每一個當下的真相進行獨立、自由的自我探索。這樣才有可能發現所有層次的真相。

意識越平衡，就越喜歡看到真相

平衡通暢能導向真相，一個人意識愈是平衡、整合及圓滿，愈是喜歡看到真相，以及愛那些喜歡看到真相的人。

——《無可摧毀的純真》

我們一直以來都按照某種既定的概念或模式生活著，隨時都要面對生活中不斷出現的痛苦、衝突、快樂和憂傷，這樣的概念和模式可能是幾十年、幾百年前流傳下來的，你的父母也是這樣生活的，所以你從來不覺得這樣的生活有什麼不妥或應該去主動改變什麼。因為即使痛苦也有既定的模式和概念可以去應付和緩解。其實，擁有什麼樣的生活完全是由你自己決定的，在這方面沒有任何所謂的通則或模式可以對任何人都適用，這完全取決於你所處的情況和你所擁有的特質，以及你想要在人生中完成哪些事情，因此，根據你自己的需要，你可以選擇要不要親密關係、婚姻、事業或財富。但如果你想要擁有圓滿、真實的生活，就必須把所有的事和各個方面都納入自己的考量，必須瞭解什麼時候該採取行動，什麼時候該按照真理來安排生活。當你能夠如此認真地按照真理生活，你所希望的恩寵、美好和圓滿就會出現。

真相之中包含了三個面向。讓事情變得美好的，就是個中的真相；讓事情變得優雅的，也是個中的真相；讓事情變得高尚的，同樣也是真相。而虛假會帶來醜陋、懦弱，以及缺乏自尊自重等負面效應。當一個人面對的真相越多，他就越會自動自發地按照真理來生活。到那時，真理就不再是頭腦所瞭解的東西，它會開始真正影響和掌控人全部的人生，讓人按照真理來生活和行動，並為人生帶來那些美好、優雅和高尚的品質。到那時，只要你細心地觀察你在生活中所做的事情和你對真相的態度，就可以知道你自己的意識是多麼平衡、誠實和細膩。但這也並不代表真理和真相會給人帶來平衡、誠實和細膩，而是誠實和細膩能帶領人導向真相，讓我們和真相發生正確的關係。

對於平衡的意識以及靈魂的本質來說，真相是它們真心喜愛的東西，但這並不是因為真相是正確的、有用的、實事求是的，或是屬靈的。當我們的靈魂正常而又自然地運作時，我們就會喜歡看到真相、貼近真相，因為真相就是靈魂和實相的本質。我們的意識越來越趨於平衡、圓滿和整合，就會越來越喜歡看到真相，還會愛那些喜歡看到真相的人。這時，你還會發現你對他人的愛、體貼和尊重，全都仰賴對真相的發現和喜愛。如果你發現有一個人和你一樣喜歡看到真相時，你就會很自然地更愛他一些。這是非常自然的事，熱愛真相的人都會忍不住這麼做。同時，你也會發現，當你越喜歡面對真相，就會越尊重自己、體恤自己。

當你在內心達成一種平衡時，自然會願意面對真相、貼近真相，而不會像從前那樣從道德批判的角度去看人、看事情。因為真相可以讓事情變得優雅、美好、高尚，你的意識也會隨之更加自然地趨於平衡。這樣的循環就要一個完美的圓，不斷地送給我們平衡、整合、優雅和美好。

放下希望和抗拒，便能獲得眼前的真相

心識的運作總是在期望和抗拒中打轉，如果沒有希望也不抗拒，它就會徹底停止活動，只剩下每一個剎那的真相。

——《解脫之道》

幾千年前，古希臘哲學家蘇格拉底在雅典的市場上閒逛時，曾發出這樣的感嘆：「這裡有多少我用不著的東西啊！」作為一個專注於精神和思考的人，蘇格拉底對物質生活並不做過多奢求，即使是幾千年前物質貧乏的時代，他仍能放下不必要的需求。而在物質文明過度發展的現代社會，可供我們選擇的物質產品更加豐富多樣，以至於我們弄不清楚什麼是我們真正需要的，什麼是過分

的貪求。大部分的人只能隨著社會的潮流而動，別人有什麼，我也要有；社會、輿論告訴我該有什麼，我就要擁有什麼。所以現代的人都是：需要的東西不多，想要的東西太多。一個人對外物的追求是沒有止境的，明明只有兩隻手卻什麼都想抓住，金錢、名譽、權力等，最後只會讓自己在不斷的希望和失望中搖擺、掙扎。

從前，有一個人拿了兩個花瓶去獻給佛。佛陀對他說：「放下！」那個人就把他左手拿的那個花瓶放下了。

佛陀又說：「放下！」那個人又把右手拿的那個花瓶放下了。這時，佛陀仍然對他說：「放下！」

那個人說：「能放下的我已經都放下了，我現在兩手空空，沒有什麼可以再放下了，你到底讓我放下什麼呢？」

佛陀說：「我讓你放下的，你一樣也沒有放下；我沒有讓你放下的，你全都放下了。花瓶是否放下並不重要，我要你放下的是六根、六塵和六識。你的心已經被這些東西充滿了，只有放下這些，你才能從桎梏中解脫出來，才能懂得生命的真相。」

其實，在生活中，說放下就能放下談何容易，世人加諸自己的重擔和壓力，又何止手上的兩個花瓶那麼簡單？我們的心通常會緊抓著希望不放，而無法看到任何事情其實都是無望的。不論我們想變得富有、美麗、解脫還是快樂，都是在跟自己作對。我們的內心總是在各種期望和抗拒中打轉，一旦我們得不到自己所渴望的，我們的內心就會開始掙扎和分裂，而無法認清眼前的真相，並產生糾結和痛苦。

趙州禪師曾經說：「一個人只要能夠放下世間的一切假象，不為虛妄所動，不為功名利祿所誘惑，不因無常變化的萬有而絕望，就能體會到自己的真正本性，看清本來的自己。」我們如果不停止對外物的期盼和掙扎，就不會明白其實解脫是無法自己製造出來的。只有當我們心中不再有期待和抗拒的時候，那些束縛我們的對立和衝突才會消失，快樂和解脫也才會自然顯現。一旦我們的內心既沒有期待也不再抗拒，並且停止了一切的活動和努力，那麼剩下來的就是能讓我們解脫的真相了。

第五章　接納眼前的世界

我們常常在排斥、抗拒，因而內心充滿緊張和衝突，如果可以看著排斥的活動而不制止它，就可以不再參與排斥的活動。這樣做會讓某個東西有空間可以冒出來。久而久之，你就會發現接納的能力出現了。不再排斥，你就能全然地接納眼前的世界。

接納自己意味著本體已經顯現出來

接納指的不是人格在接納，而是意味著本體已經顯現出來了，就像是一種至福、一種庇佑，如沐甘霖一般。

——《解脫之道》

我們常常說一個人只有先喜歡自己，別人才會喜歡我們，一個連自己都不看重的人，是不可能贏得別人的喜歡和尊敬的。人無完人，我們要用一種平和坦然的心態去接納全部的自己，珍惜自己的獨特性，從內心深處欣賞自己。一個真正瞭解自己，能夠接納自己的人，會得到本體帶給他的庇佑。

禪院裡來了一個小和尚，他希望能夠盡快有所覺悟，就去找智閑禪師請教：「師父，我剛來到禪院，不知道應該做些什麼才能更快地有所悟，請師父指點一二。」

智閑禪師說：「你剛來這裡，就先去熟悉禪院裡的師父和師兄們吧。」

小和尚聽從了禪師的指教，接下來的幾日裡除了日常的勞作以及參禪外，都積極地去結識其他的僧人們。幾天之後，他又找到智閑禪師，說：「師父，禪院裡的禪師和師兄們我都已經認識過了，接下來呢？」

智閑禪師看了他一眼，說：「後院菜園裡的了元師兄你見過了嗎？再去認識一下吧。」

又過了幾天，小和尚再次來見智閑禪師，充滿信心地說：「師父，這次我終於把禪院裡的僧人都認識了，請您教我一些其他的事情吧！」

智閑禪師走到小和尚身邊說：「還有一個人你沒有認識，而且這個人對你來說特別重要！」

小和尚走出智閑禪師的禪房，一個人一個人地去詢問，一間房一間房地去找那個對自己很重要的人，可是始終沒有找到。

過了很久，小和尚也沒找到那個對自己很重要的人。一天下午，打坐完的小和尚準備燒水做飯。

挑水的時候他突然看見自己在井中的倒影。這時，小和尚頓時明白了，智閑禪師讓他尋找的那個人，原來就是他自己。

接納自己意味著不排斥自己的經驗，不製造一些虛假的感覺，不論對於自己的缺點還是我們身心所受到的苦痛，都沒有偏好、沒有批判地容許它們出現。我們用一種允許的態度來檢視、洞察自我和當下的真相，不論我們得到的感覺是好是壞，我們對它都沒有批判，只有臣服，這就是接納的態度。這時，我們的心放鬆了，頭腦也安靜了，就好像沐浴在溫柔的甘霖之中，感覺非常清新和涼爽。

但是，我們要如何愉快坦然地欣賞和接納自我呢？

我們先要認清自我的現狀，接著洞察我們自身產生的排斥，遲鈍、逃避、麻木都是排斥。如果我們能徹底覺察我們在排斥什麼和眼前所發生的事，而沒有產生什麼造作的企圖，那麼我們就是在向真相臣服。一旦我們為自己打開了一扇門，讓接納的甘霖落到我們身上，它一定會沖洗掉我們一直想逃避和排斥的那份痛苦，於是，我們就不會再想排斥那份痛苦，而只是臣服和接納它的存在。

需要注意的是，欣然接納自我不是無條件接納自己的缺點，而是接納有缺點的自己和眼前的真相。某些真相不能改變，某些痛苦也不能避免，只有我們全然去接納它們，才會感受到本體給我們帶來的至福。

接納是一種治療力量

接納不是一種贊同，而是一種治療力量，也是內在自發的補充及釋放作用，一種不帶有排斥的淨化作用。

——《解脫之道》

從很小的時候，我們就會受到來自外界的各種有條件的關注，或者一些嚴格的管束，以至於很多人長大後就順理成章地認為只有當我們具備了漂亮的外表、優異的學習成績、過人的專長、出色的業績等條件，才能夠被自己和他人接納。於是，那些不具備這些條件的人就會順理成章地背上自卑的包袱，並習慣於用挑剔的眼光看待自己，總覺得自己不夠完美、不夠優秀，不值得被人所愛。正所謂人生不如意事十之八九，當我們帶著這種自卑、消極的情緒在現實中磕碰得鼻青臉腫時，我們就會心生抱怨，對社會、對家庭、對生活的現狀都產生不滿和憤慨，於是，很多人在生活的重重壓力下就有可能會走向極端，消極地逃避或衝動地行事，給自己和他人帶來很多的傷害。這些痛苦的產生，都是因為我們沒有全然地接納眼前的真相，反而從內心對真相生出了很多的排斥，因此，我們的內心就會時常處於一種巨大的衝突和痛苦之中，難以自拔。

當我們處在嬰幼兒時期，我們生活在一種天真無邪的狀態裡。那時候，痛苦和排斥都沒有出現，

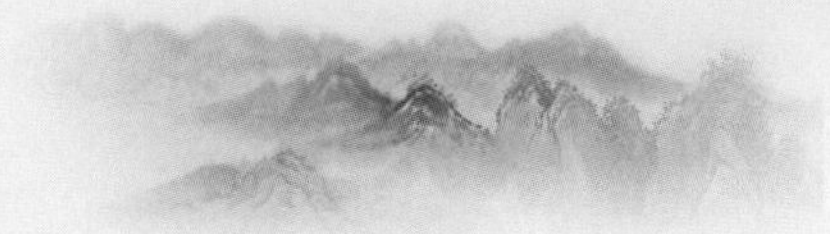

我們只是單純地相信：即使痛苦產生，它也會立刻消失。但隨著不斷的成長和經驗的積累，我們漸漸感受到了一些不能自動消解的痛苦，也就漸漸失掉了那種最初的自信和信賴。於是，我們的內心就會開始爭戰，去排斥那些讓我們感到痛苦的事情。但是，要如何才能夠重拾最初那種天真無邪的狀態而不再痛苦呢？那就是學會接納。

接納作為本體的一個面向，不是一種刻意的、造作的活動，也不是一種贊同，而是一種治療力量，是從我們的內在自發而出的補充和釋放，一種不帶有任何排斥的淨化作用。如果我們能允許自己接納每一個當下的真相，就不會像之前那樣排斥自己的痛苦了。由此可見，我們對本體或實相的根本態度就是要無條件地接納眼前的真相，在其中沒有目標、沒有界限，也沒有任何掙扎，有的只是一種純粹的、沒有任何動機的對真相的愛，恰恰就是這種愛給了我們希望。這種為了真相本身而生出的愛，會促使真相讓我們得到解脫。拋棄所謂的解脫或不解脫、本體或非本體、開悟或不開悟的問題，只留下對真相的愛，讓其他的東西都消失。我們要想得到解脫，唯一能做的就是無條件地接納眼前的真相。接納眼前的真相，認清眼前的真相，接納每一個當下所出現的真相是一種無心、無界分、無人格的自然狀態，這種狀態是全然放鬆的，不會有痛苦和衝突的，我們在其中會感受到一種被治癒的滿足感和安全感。

排斥眼前的真相是產生情緒的源頭

所有的情緒都奠基於對眼前真相的排斥，你的思想也是同一回事。徹底的解脫意味著人格完全不見了，也意味著本體的出現——沒有任何心識活動，沒有任何情緒。

——《內在的探索》

如果你默默地觀察自己內在所進行的活動，你就會發現你的心在不斷活動，你的情緒也在不斷起起滅滅。也許你正在生氣，那你到底在為什麼生氣？是不是眼前發生的事不合你的意，還是某人做了一些你不喜歡的舉動，或是你經歷了一件自己很討厭的事？又或者你正在傷心，你也可以問問自己為什麼會感到傷心？是因為你失去了某樣東西，還是事情沒有按照你所想要的方向發生，或者是你想要的東西還沒有出現？其實，從最根本上來說，你所經歷的生氣、憤怒、傷心這些情緒都是基於你內心所產生的排斥。所有的情緒、思想都是隨著我們對眼前的真相產生的排斥。我們一直追求的徹底的解脫，也就是所謂本體的出現，就意味著在我們的內在沒有任何的心識活動，也沒有任何的情緒。

正因為如此，我們才需要借助內在工作來說明自己證悟本體。只是在進行內在工作時，我們必須抱持正確的觀念，必須認清自己真正感興趣的到底是眼前的真相，還是僅僅想達到某種狀態，或得到某個東西、達到某個目標。

這時，我們就需要有一種態度上的轉變，要認清事情是徹底無望的。你心中之所以會有界分和困擾，就是因為你希望事情能夠有所不同，而這份希望又會製造出欲望，欲望最終製造出一種對眼前真相的排斥。當你開始排斥眼前的真相，就會製造出界分感，界分感又會製造出衝突，衝突會製造出痛苦，痛苦會促使我們不斷地追尋解除痛苦的方法，追尋又會製造出更多的排斥以及更多的衝突。就這樣，一種難以解脫的惡性循環便產生了。所以說，重點並不在於你得到了什麼或擁有了什麼，而是你所抱持的態度是什麼，這才是真正的轉化。

也許進行了一段時間的內在工作之後，你就能積累無數的本體經驗，但只要你的態度之中仍有貪婪、期盼或想達到某個目標的企圖，那麼你勢必要繼續受苦。只有當你沒有任何想要解脫痛苦的欲望時，解脫才可能自動出現。所以我們必須完全放下對解脫的欲求。當然，這也並不意味著你就要消滅你的欲望，或排除你的哀傷和憤怒，只是讓你試著去理解欲望的來龍去脈和事實的真相，帶著一種積極的、不執著的態度，不帶任何批判地與眼前的經驗共處。也就是說，你應以開放的態度去接納從你的意識之中展現出來的任何一種心境，而不是單純地要達到某個目標。要記住，內在工作的目標並不是獲得解脫和快樂，而是為了有一天能夠跟真相完全調和一致，幫助你站在實相的一邊。但是那些因排斥真相而產生的情緒等心識活動會拖住我們貼近真相和本體的腳步，必須將它們完全除去，方可到達解脫的至境。

排斥只會令我們心中的衝突更嚴重

排斥的態度會造成人格和本體的分裂，我們雖然想去除內心的衝突，反而卻徹底認同了這份衝突。

——《解脫之道》

當我們發現某個東西比另一個東西好，我們就會對另一個東西產生嚮往，這時，我們的內心就會產生恐懼和期望。恐懼是指害怕不好的事會發生，期望是說希望愉快的事能夠發生。這是一種趨樂避苦的態度，我們會習慣性地逃避眼前的真相，而人為地製造一些快樂的假象。有句話說：「得不到的才是最好的。」現實中的我們就是這樣，在我們的心裡沒有最好，只有更好，總是帶著很多希望和期盼來面對眼前的一切。我們總是希望得到更好的東西而拒絕眼前存在的東西。於是，我們為自己製造了很多的痛苦和煩惱，並在不斷抱怨生活處處不如意，處處和我們作對。其實這種抗拒某個東西而渴求另一個東西的現象，是人之常情，都是我們內在的虛假人格在作祟。

有一位少女要離家前去美國留學，在她離家前，她母親鄭重地把她叫到一旁，給了她一顆珍珠，告訴她說：「當沙子進入蚌的殼內時，蚌開始就覺得非常不舒服，但又無力把沙子吐出去，所以這個時候蚌面臨兩個選擇，一是抱怨沙子，感嘆自己的命運，讓自己的日子很不好過，一是想辦法把這顆沙子同化，使它跟自己和平共處。讓自己過得沒有那麼痛苦。然後蚌選擇了後者，蚌開始把它的精力和營養分一部分去把沙子包起來。當沙子裹上蚌的外衣時，蚌覺得它是自己的一部分，不再是異物了。再後來，沙子裹上蚌的成分越多，蚌就越把它當作自己的一部分，自己就越能心平氣和地和沙子相處。到最後，蚌已經感覺沙子和自己融為一體了，再也沒有不舒服的感覺。」

故事中提到的蚌想辦法去適應一個自己無法改變的環境，努力把一個自己覺得不愉快的異己，轉變為自己可以忍受的一部分，它不排斥自己受到的痛苦，而是讓痛苦和自己合一，最終，它才能找到自己的位置。我們總是習慣於固化心中的衝突、對立和不快樂，而不去思考真正能夠解決問題，緩解痛苦的方法。如果因為不喜歡某件事而排斥它，不去正視它，那只會讓事情更加嚴重。

人生在世，總會碰到很多不如意的事，如何將這些痛苦、不如意包容、同化，最後納入自己的體系，這需要人們自己去琢磨和學習。要想使自己的日子過得下去，那就必須要學會接納眼前這些痛苦和衝突的現狀，時常仔細地檢視自己，認清眼前的情況是徹底無望的，以此來擺脫內心的恐懼和期望，全然接納眼前的世界。

覺察排斥活動，是一種練習接納的禪修

請留意你心中的排斥感。不妨把禪修視為一種對排斥及欲望活動的自然而消極的覺察，覺察心中的排斥活動就是一種禪修。

——《解脫之道》

讓我們先來回顧一下排斥到底是如何開始活動的。一開始，我們所排斥的是痛苦和苦惱。我們先是說：「我不想有這種感覺，它太危險了，令我非常痛苦。」但隨後不久，我們想法就變成：「我不想要這種感覺，我想要的是另一個東西。我要改變我自己！」這時，我們會認為排斥痛苦是一種對自己好、對自己友善的方式。但事實上，不論你想要的是什麼——變得成功、富有、有愛心、證入實相或開悟，只要你還在想著改變自己，就是在排斥自己。每當你想要改變當下的感覺時，你就是在排斥自己的經驗，迫不及待地將自己推離本體。

但是，這也並不意味著我們就應該時時刻刻都對自己說「是」，因為說「是」也是一種排斥。這時，我們只能做一件事，那就是去觀察我們是如何排斥自己的。一開始，排斥只是一種想要解除痛苦的企圖，然而痛苦並沒有因為排斥的活動而被徹底除去，我們既不能把它吐出來，也不能把它釋放掉，只能鈍化我們的感覺，不再面對它。

現在，我們要允許自己變得敏感，並且不帶批判地去檢驗自己，不加選擇地接納眼前的真相。也就是說，我們既不要對自己說「不」，也不要對自己說「我觀察痛苦就是為了讓痛苦消失」，並帶著對真相的興趣，做下面這些事：看、覺察、留意、跟痛苦共處、感覺你當下的經驗而不排斥它。這時，你會發現你的知覺已經變得越來越細微，但同時你也發現你很難不排斥眼前的經驗。不過沒有關係，這些也是你的真相，如果你想變得有所不同，就必須覺察它、包容它、承認它，而不去造作什麼。

我們必須對眼前的真相進行持續不斷的觀察、聆聽和感覺，這是鐵打的信條。如果你想要的是另一個東西，或是心中升起了一種想要超越覺察和理解的想法，那就是在進行排斥的活動。如此一來，你就加重了你的問題。如果試著觀察一下自己的心識活動，你會發現我們的理解或覺察一開始也是被欲望、希望和排斥所驅動的。雖然這是很無奈的一件事，我們也只能去覺察它接納它而不能造作。

但我們要如何才能學會接納呢？對成長而言，最自由的態度就是徹底包容，既不消極，也不積極，只是容許一切自然地發生。在內在發展過程的每一個層次和階段，我們都必須擁有這份信任，既不想知道會發生什麼，又能容許事情自然顯現。當你看見成長過程中的真相從一種狀態到另一種狀態逐一顯現時，你能夠給它空間讓它完整地呈現，並讓整個過程自然地展露出來，這就是在接納。而這其中最重要的工作就是去瞭解你心中有什麼障礙阻止了真相的顯現。不論身在何處，你都要審視自己、覺察自己，並且還要瞭解你的障礙是什麼，到底是什麼東西阻止你去徹底經驗當下所發生的事。這也就等於是在進行禪修。因為禪修就是覺察真相，覺察心中的排斥活動和欲望活動。

接納自己的感覺而不信以為真

如果我們從本體的角度來觀察、聆聽、質疑我們的經驗，就會瞭解是什麼讓我們產生感覺，而我們要學會接納自己的感覺而不信以為真或對其產生反應。

——《解脫之道》

在生活中，我們常常會遇到這樣的事情：你很愛你的女朋友，但有時因為一點小事，你會很生她的氣，對著她大吼，她遠遠地走開；你的一個朋友在背後說了你的閒話，雖然你們交往了十年，可你還是覺得不可忍受，跑去和他大吵一架。很多時候，我們都會為自己的衝動之舉給別人帶來的傷害而感到深深的後悔，事後會不斷地責問自己：「我怎麼可以這樣去傷害別人？」於是，我們常常感到深深的痛苦和自責。在這種時候，我們應該用一種截然不同的態度來面對發生的事，那就是觀察、聆聽自己的感覺，看看能從中得到什麼收穫。

很多時候，我們都不得不做一些我們不願意去做的事情，比如一份不算熱愛的工作、上下班擠地鐵或在高速公路上堵了幾個小時的車。當我們無法享受去做某件事的時候，就要學著去接納它，試著去瞭解這些必須要做的事。接納就是要我們從心底認清：這是此刻的形勢和責任需要我去做的，所以我要心甘情願地去完成它。從內在去接納當下發生的事和你必須要做的事是非常重要的。

當我們在接納的狀態下行動時，就意味著我們是在一種平和、開放的狀態中行動。從表面上看來，好像接納是一種被動的、消極的狀態，其實它是非常積極又有創造力的，它會把一些全新的事物帶到這個世界上來。但是，如果一個人既不能享受又無法將接納帶入日常的所作所為中，那就停下來，不要勉強，因為這是很重要的事，生命中這種接納的態度是對人生最大的盡責。

要提醒大家的是，在學習接納的過程中，我們不要對自己的感覺信以為真，僅僅保持開放的態度來觀察、聆聽、理解並接納就好，因為我們並沒有瞭解全部的內心和全部的真相。當這份開放和接納的態度逐漸成為我們日常生活的一部分時，我們就會獲得一種對整體的瞭解，會認清事情與感覺的關係、事情的運作方式、為什麼我們不能時刻都感受到愛，等等。這些不再只是一種認知，而是我們的一部分。

我們對自我的感覺有了這種開放的瞭解之後，就會明白它們帶來的是快樂還是痛苦，也能夠容忍情緒在我們的內在發生，而不對它們產生任何反應。因為我們的本體給我們帶來了最根本的教導，來釋放我們心中的障礙，使我們更深地理解智慧不是別的東西可以取代的。

接納自己，自然會有喜悅

喜悅是對經驗保持開放的一種態度，而不是任何事情的結果。只要我們真的能做自己、接納自己的經驗，自然會有喜悅，因為我們就是喜悅的源頭。

——《自我的真相》

照鏡子時，我們會苦惱於眼角又多出的幾條細紋；在服飾店試衣服時，我們會為又變粗的腰身而沮喪；多次修改的提案總也得不到上司的認可；和朋友為了一點小事吵架；房子、車子、日用品的物價都在漲，只有薪資還不漲……很多人在思考和面對自己的生活現狀時，都會無端地生出很多苦惱和煩悶之氣。在思考過後，有的人開始拚命地努力，想要改變這種現狀；有的人則選擇得過且過，逃避這些不美好的情境。其實，大可不必如此，我們不需要去改變生活的現狀，因為我們生活中的每一個情境都是完美無缺的，我們擁有的所有人際關係也一樣是完美無缺的。我們經歷的每一種人生的課程都有助於我們的成長，每一個外在加諸我們身上的障礙都會帶領我們深入愛的終極源泉。我們也根本不需要去給我們的生活下個什麼定義，因為我們從來就沒有丟失過任何東西。也許你並不相信這些說法，但它們就是關於我們生活的事實。只要我們能全然地接受自己所處的生活現狀，那麼，任何不尊重自己或別人的想法都會從此銷聲匿跡，因為它們已經不再有任何立足之地了。因此，我們要做的只有放下批判，開放自己，接納自己，這樣我們才能進入自己在內心所預留的空間。

接納看起來非常簡單，卻是一門最高深的學問。一旦我們開始接納，我們內在的「小我」就會乖乖讓路，那些一直阻擋愛流動的障礙就會消失。這就是我們要追求的接納之路。那些我們無法接納的或是堅決抗拒到底的，就會變成我們的束縛，而被我們接納的、包容的都會慢慢地充滿我們的心房，帶給我們一種至上的喜悅。到那個時候，沒有任何東西能夠強迫我們，也沒有任何東西能夠牽絆得住我們，不論愛要我們往哪裡去，我們都會帶著喜悅欣然上路的。

正如阿瑪斯常說：「一個真正愛自己的人，對自己必須做的事一定會抱持歡喜的態度。這種歡喜的態度跟外在的活動沒有任何關係，只跟接納自己有關。」當我們開放自己，去接納真相和生活的現狀時，愛就會像潮水一般湧入我們的內心，這時，我們就會找到同伴，而不會再感到孤單，因為我們已經打開了那個讓愛湧入的管道，自然會有喜悅隨之而至，當我們開始接納別人的現狀時，也會發生同樣的事情。

你也許會對我們所說的喜悅有些疑惑，這裡所說的喜悅不是通常意義上所認定的快樂、享樂，很多人一直誤以為享樂是一種快樂，其實喜悅才是真正的快樂。享樂是痛苦的反面，但喜悅不是，它跟痛苦和快樂都沒有關係，而且，它是可以與痛苦並存的。喜悅只跟我們對當下保有的開放性有關，它是對當下所保持的一種開放的態度，這就要求我們不能去挑選什麼，只能讓喜悅自然地出現。當我們沒有任何的偏好和執著，只是真正地做自己、接納自己的經驗的時候，喜悅就出現了，沒有任何的掙扎，也不作為任何事情的結果。

最後，我們一定不要忘記：我們沒有任何問題，即使我們正面臨著許多的困難、痛苦和煩惱，我們也不需要去做什麼改變，更不必企圖去增添什麼或消除什麼。因為此時此刻的我們是完美的。如果我們能讓這樣的認知進入自己心中，那麼自然會有喜悅降臨。

只要能接納真相，解放和自由就會隨之而至

只要我們能安住在真相或不排斥的心態裡，接納自己的真相，解放和自由就會隨之而至，裡面甚至連解脫的欲望都沒有。

——《解脫之道》

很多人都在問自己：我為什麼不快樂？我為什麼總是覺得很空虛？為什麼別人都不瞭解我？為什麼生活中總是充滿了指責與對立？為什麼總是看到對方的缺點？為什麼我總是失敗？每個人都會有這樣的迷茫和困惑，但並不是每個人都能夠從中解脫出來。

有一個意志消沉的年輕人，去向一位禪師請教從痛苦中解脫的方法。

禪師說，你自己去領悟一下，便會明白了。

一天以後，禪師問他是否有所悟，他搖頭，禪師便舉起戒尺打了他一下。

第二天，禪師又問，年輕人仍然不知，禪師又用戒尺打了他一下。

第三天，他再次向禪師表示沒有收穫，當禪師舉起戒尺打過來時，他伸手抓住了禪師的戒尺。

禪師不怒反喜，笑道：「你這不是已經悟出了解脫的方法嗎？就是找到讓你痛苦的原因啊！」

在人世間，每個人都要面臨相聚與分離，面對痛苦與喜悅，面對接納與拒絕。於是，我們內心就因此生出了很多痛苦和糾結。越是痛苦我們越想排斥、逃避，結果卻更加痛苦，我們就是陷入了這樣的惡性循環，就像故事中的年輕人一樣，面對禪師兩次三番的打擊，他才學會面對那種痛苦。其實，只要我們能夠允許自己去覺察內心的那些排斥活動，並且讓我們的理解在其中充分呈現，排斥的活動就會很自然地消失，我們的痛苦也會消失，而接納的狀態就會出現，在接納的狀態裡，我們就能重拾對真相的信心和信賴。

這種接納的狀態該如何達到呢？只有當我們徹底認清了我們的排斥、期望及欲求，才會察覺到我們所排斥的那份痛苦，並能夠與它和諧共處，因為這就是我們每個當下的真相。

安住在真相或者接納的心態裡，並不是要我們積極地採取行動，也不是一看到執著就想方設法去除它，更不是想要達到某種境界。只要我們能接納自己的真相，解放和自由就會隨之而至，這裡面甚至連解脫的欲望都沒有。如果我們還是有期待，那麼就必須去認清我們的期待也是排斥的一部分。一旦我們能毫無疑問和排斥地信任我們這個有機體和我們自己，快樂就會源源不斷地出現，當然這不能是一種刻意製造出的信心。就像阿瑪斯所說：「我們不需要對行走的活動抱有任何信任或期待，因為我們的腳自然會走到自己想去的地方，而不需要期待它會帶著我們往哪裡去。只要能徹底接納所有的一切，解放和自由自然會出現在我們的內心。」

第六章　理解奮鬥的價值

你根本不需要藉由奮鬥完成某些重要的事情來證明自己的價值，因為你自己本身就是最重要的。你也不需要大徹大悟或做出某些高尚行為去賦予自己人生什麼意義，因為你自己本身就是最獨特、最具有意義的。你的價值和重要性無須證實，你自己就是最珍貴的寶物。

我們自己就是價值本身，是最珍貴的寶物

我們體驗本體的方式之一就是成為價值本身。價值可以在沒有任何對象的狀況下存在。我們自己便是價值本身。

——《內在的探索》

在漫漫人生道路上，我們總是忙於不斷追求各種利益來滿足自己物質上的種種欲望，卻忘記審視自己的內心，想想生存的真正意義。我們常常忙著評判別人，卻忘了應該先審視自身，認識自己。許多人或許從不曾真正面對過自己，不曾認真地審視過那個真實的「我」是什麼。而每個生活在社會中的人又不可避免地要和其他人產生交集，在接觸過程中，便很容易犯自我中心的錯誤，用自己的價值觀對他人的言語、表情、行為作出評判，甚至會自我揣測他人的心理，由此人與人之間難免會產生摩擦，發生衝突。

從前有一個青年總是哀嘆自己命運不濟，生活多舛，既發不了財也求不到一官半職，終日愁眉不展。一天，他在路上偶遇了一個老和尚，看到老和尚一臉的平靜，不由得嘆了口氣。

老和尚攔住青年，問他為何嘆氣，青年說：「我看到你開心的樣子覺得很羨慕。為什麼我總是有這麼多的煩惱？為何我既沒有一技之長偏偏又一貧如洗？」

老和尚說：「年輕人，你明明很富有啊！」

青年問：「富有？我除了煩惱什麼也沒有。」

老和尚並沒有急著解釋，而是繼續問他：「那麼，假如有人給你一千兩銀子，換你十年的壽命，你換嗎？」

「當然不換！」

「給你五千兩銀子，換你的健康，你換嗎？」

「還是不換！」

「給你一萬兩銀子，換你的生命，你換嗎？」

「不換！」

老和尚頓時笑了：「年輕人，到現在為止你至少擁有一萬六千兩銀子了，難道你還不夠富有嗎？」

就像故事中的年輕人一樣，很多時候我們都認不清自己的價值，不論我們結婚或單身，不論我們擁有多少輛車，不論是否有人愛我們，不論我們是否快樂，是否仍然活著，是否健康，我們的價值都不會受到任何影響，因為它就是我們，它就是我們的本質。我們自己的價值是獨立於頭腦之外的，是本體的一個面向，可以被認為絕對價值。

其實，只要你願意關注，價值這個東西是十分顯而易見的，我們可以感受到它、成為它、看見它、嗅到它、嚐到它。快樂或價值帶給我們的這些狀態就是我們的本質的一部分，並不是做了某些事的結果。如果能單純地讓自己存在，自然而然會感受到這些狀態。我們就是價值本身，是世界上最珍貴的寶物，但是我們的所作所為卻讓自己變成了最貧窮、最無足輕重的東西。要想找到失去的重要感，我們只有停止心中的旋風，讓自己放鬆下來，單純地存在著。

運用理解力，探索自我形成的形成

開放心胸，運用理解力去探索自己的一些自我概念，我們就可能揭露錯誤的認知，發現真相是什麼。

——《自我的真相》

小時候，如果常聽到有人誇自己很可愛，那麼你就會在腦海裡構建出一種自己很可愛的觀念；如果你的母親總是跟人說你不夠聰明，那麼你也會構建出一種自己很笨的自我形象。我們的心總是會抓住這些童年的經驗不放，並把它們儲存在頭腦裡變成記憶，我們又藉由這些記憶為自己設定了一副自我形象。過去的經驗和記憶不論好壞，都會使我們形成一些對自己的假設。我們對事情的意見和過去的知識不但會讓我們產生對一個東西的期望，還會使我們對某個東西產生排斥。當我們想起過去的某件事，我們的內心就會對這件事產生一種或好或壞的意見，這時，我們就會無法安住在當下，並開始期望過去的那份美好的事情能夠重新出現，或者期望過去那個讓自己痛苦的事情別再發生。也就是說，回憶讓我們的內心開始期待將過去的某個東西或某件事投射到未來。因為我們早已對苦與樂有所界分，所以我們的內心總會出現排斥、期待和渴求這些反應，而對當下現狀的排斥以及對另一個東西的期待會給我們帶來挫敗感。於是，這樣就會形成一個惡性循環：越是排斥、期待、渴求，就越感到挫敗，越感到挫敗，就越渴望釋放這種挫敗感。

我們在這裡要探索的自我形象就是這個惡性循環所帶來的結果，它的核心就是挫敗感。自我形象的塑造意味著基於我們對某個東西的排斥，我們把過去的所有經驗都變成了某種痛苦的、負面的意象，以此來抗拒某些東西。殊不知，每當我們對事物產生反應或排斥、抗拒某一個東西時，就是在認同挫敗感。而且我們還會用各種各樣的信念來鈍化自己的覺知，掩蓋真相。

要想認清整個過程裡的真相，只有靠理解力的幫助才行。沒有理解力，我們就只會去認同那些固有的、老舊的形象，並且會相信自己是愚蠢、懦弱、無能的。很多人都會因為不夠理解自己，而不斷去取悅別人，一旦他們運用理解力深入地去探索，就會發現自己為什麼會做這件沒用的事情，這樣做不可能帶給他們真正的快樂。

透過理解力的幫助，我們會發現一直以來我們都把自己當成了一種特定的自我形象，從而丟失了真正的自己。運用理解力來探索一些自我概念，就意味著我們已經接受了它們，這時如果能開放心胸，並對這件事產生好奇，我們就會發現什麼是真相。

理解就是要一邊揭露錯誤的認知，一邊揭露最深的實相。它使我們看到遮蔽住我們內心喜悅的東西是什麼，又讓我們明白生活在喜悅裡是什麼樣的滋味。理解又等於一種客觀的觀察，總會讓我們看見某一層次的真相，並讓我們更好地活出自己。

透過理解，心智和存在才有了聯結

心智和存在透過理解而有了聯結，在童年時這兩者是分開的。當你進行內在工作到了某個層次，就能讓理解和心智結成一體，這時你既是存在本身，又能覺知到自己的存在。

——《自我的真相》

我們先來假設一下：你正在學習做一道菜，剛開始，你會將作法寫在筆記本上，每次做的時候都照著看，還會時常想著它的作法，不斷地進行演練。但是，一旦上手了，你就不會再惦記它到底是怎麼做的了。只要煮飯的時間到了，食材備齊，你自然會做出這道菜。其實，一切就是這麼簡單。當你真的理解了某個東西的時候，它就會成為你的一部分，之前關於它所產生的問題也就消失不見了，然後你又會著手解決下一個問題，學習下一道菜該怎麼做，會放大量的精力在上面，還會很在乎結果是什麼。一旦真的學會了，它對你就不再有之前的那種重要性了。這就是理解帶給我們的轉變。

理解不僅能揭露錯誤的認知，還能揭露最深的實相，它也等於是一種客觀的觀察。看見某一層次的真相並且理解它，就像是一朵綻放的鮮花讓它底端的狀態完全呈現給眾人，因此理解自己跟活出自己的真相是同一回事。

當我們到達某個更高的層次時，理解也會隨之變得更清晰，也就是說，我們看得更清楚了。這時，你就可以一邊理解存在，一邊覺知到自己的存在。這份對存在的覺知就是一種理解，理解也順理成章地變成了存在的表達，於是，心智和存在透過理解就有了聯結。要知道，這兩者在童年時是分開的，卻因理解而結成了一體。

理解也會給人們帶來失落感。一旦徹底理解了某個面向，就等於失去了它，許多人因此對理解不感興趣。他們比較喜歡那些能夠發展出愛和慈悲的方法，因為那些方法能讓他們保住愛和慈悲的感覺。其實並不是徹底瞭解了愛或慈悲等感覺，你就會發現失去它們而且從此不會再體驗到它們。在環境有需要的時候，它們自然會升起，因為你自己已經處在愛或慈悲的狀態裡了，所以不需要永遠都感覺到它們，在必要時它們自然會出現。

由此可知，理解還可以使我們看到障礙，看到錯誤的認知，從而揭露出最深的真相。它會給我們帶來一種完整的、透徹的瞭解。但是，當你體驗到自己真正的身分，就會變得不一樣了。那時你可能會說：「這到底是什麼東西？讓我來瞭解一下。」然而這個東西根本不是你的心智所能瞭解的，若你企圖去瞭解它，它就會消失。可能你會花上好幾年的時間去推敲它，但仍然無法領會個中滋味。有時你嘗到了一點滋味，可是它立刻又消失了。你不斷努力，直到你終於明白你的終極身分是無法被認知和理解的。當理解終結時，你會明白真正的你是無法被理解的，它跟你的心智毫無關係，所以我們又稱之為「理解的終結」或「全然的理解」。雖然理解會從某一個層次進入到另一個層次，一旦徹底理解了某個東西，我們的心也會接著轉向另一個東西，但理解還是有終結的，直到我們完全無法理解的那個東西出現為止。

旦了悟無法被理解的終極真相，你就解脫了

面對無法被理解的東西時，你不知道答案，就無法再為難自己，那時你就解脫了。你不會再受到苦樂、生死、大小或好壞的束縛。這便是最終極的理解。

——《自我的真相》

我們知道了理解是一種能夠發揮巨大作用的力量後，如果你繼續探索下去，就會發現理解是個非常奇妙的東西，運用得當的話，它就會引領你一層又一層地揭露出內心的真相，直到你面對一個完全無法理解的東西為止。但一開始，我們還在進行理解和辨識，最後卻發現，那個無法被理解的東西永遠不會消亡，也不會改變，既然這樣，你就可以無懼而逍遙自在地生活了。

有一些靈修傳承稱理解為「啟蒙天使」。因為它會持續不斷地揭露、揭露、再揭露。但也有人這樣說：「啟蒙天使是無法帶你去見上帝的，但它會為你指出一條路，一步步地引領你，等到你靠近源頭時它就消失了。」當理解帶領我們靠近了源頭，我們就不再需要任何理解而只是單純地存在著就

可以，這就是我們所說的徹底的理解。

理解跟人生是緊密相連的，人生就是一個不斷揭露的過程。一層一層地揭露內在的真相是一件最美好的事，你會看見美、醜以及各種各樣的形象，而這些都是生命的真相。一旦我們明白了人生是怎麼一回事，也就是說明了自己是誰，為什麼會在這裡，就等於理解了萬事萬物的意義。到那時，你會發現每件事物的核心都有屬於它的最深的意義，如此一來，正如阿瑪斯所說：「人生就不再是一場掙扎，而是一種能帶來充實感的揭露過程。理解不但能帶你進入各種不同的層次，而且其本身就是一種人生的體現。」透過這個過程，你會全然瞭解什麼是苦難、什麼是困境、會回歸到嬰兒的存在形式，但心是清澈澄明的。

當我們面對那個無法被理解的東西時，就不知道答案是什麼了，如此一來也無法再為難自己了。那時我們就會自由、解脫了。因為無法精確地認出自己就是一種解脫，已經超越了心智的概念活動，也不再受到苦樂、生死、大小或好壞的束縛。這就是最終極的理解。

人生就是展現美好和歡慶，也是我們要完成的最重要的事。每一個人都渴望生活在圓滿、祥和的狀態裡，但是大部分的人都不想透過理解的過程來達到這種境界，而只想靠別人的幫助來得到神奇的轉化。然而，除了理解，沒有其他方式可以讓我們達到我們想要的境界。缺少了心智活動的輔助，我們就失去了分辨力，再也看不到任何形式的美。心智是美和形式的創造者，而理解則是一個創造和揭露的過程。因此，只有客觀地觀察人生才能給自己帶來真正的精神成就。

終極實相的展露也是一種理解的過程，會使我們產生理解的就是那不可知的智慧。因此，從終極的角度來看理解，你會發現它也是不真實的，不是一個實在存在的東西，只是一種可以揭露真實的存在的辨識力。當理解終結的時候，我們的心念活動也就寂滅了，只剩下存在，而沒有任何心智活動。這時，我們就到達了終極的解脫了。

從內在工作的三個層次來看創造力

我們的生活充滿創造力，我們見到的每樣東西、每個思想，我們去過的每個地方，都有一些新的東西被創造出來，我們可以從內在工作的三個層次來看創造力這件事。

——《無可摧毀的純真》

我們看到的每件東西、聽到的每個思想都是被創造出來的，在我們去的每個地方，又都會有一些新的東西不斷被創造出來。我們在生活中隨時隨地可以見到創造力的展現，它就意味著安然地活在當下，自在地展現創意，是一種產生新的思想、發明或創造新事物的能力。讓我們從內在工作的三個層次來看看創造力到底是怎麼回事。

要真正理解創造力的含義，阿瑪斯提倡人們從內在工作的三個層次來分析：第一個層次是「活在世間，而屬於它」；第二個層次是「活在世間但不屬於它」；第三個層次是「你就是世界的一部分，但又不屬於它」。

第一個層次的創造力就是傳統的創造力觀點，通常是指做出一些新的東西來，如創造出一些從未有過的繪畫、雕塑、設計、詩歌、音樂等。這些被創造出來的新東西展現的是創造者潛意識裡的東西，創造力也藉此被帶了出來。比如，藝術家就是藉由藝術品或行為來表達他們的創造力的。所以說這個層次是「活在世間，而屬於它」，因為創造者展現創造力的過程和結果都離不開世間有形物質的局限。

第二個層次的創造力展現的是不屬於世間的部分，也就是要展現真正的「我」，一個不受世俗局限的「我」。活出真我就是一種創造行動，因為真正的「我」永遠都是煥然一新的。如果我們已經自我了悟，那麼我們就隨時隨地都處在創造的過程中。當我們成為自己，活在當下時，我們就能自在地展現創意，我們的人生歷程也就變成了創造力的展現過程。這時，我們擺脫了世間物質的局限，也就是「活在世間，但不屬於它」。

到第三個層次時，我們已經是世間的一部分，但又並不屬於它。這時，我們的創造力表現在我們所看見的一切事物上。就像我們為自己創造了夢境一樣，在這個層次裡，我們自己創造了整個世界，達到了一種與外界完全合一的狀態；這時，我們看見的一切都是我們在每個當下創造出來的，每一刻我們都在進行著神奇的創造活動。所以，在這個層次裡，我們感受到的每一樣事物都含有創造性，都是嶄新的。如果我們能夠與真我合一，我們就會把自己認為是世界的一部分，是真實的，跟眼前的現實一樣，也是在當下被創造出來的。這就是所謂的「是世界的一部分，但又不屬於它」。

現在，我們知道了，萬事萬物中都含有創造性，都處在不斷創造的過程中，每一刻它們都在被創造出來。但是，創造的過程又是非常平常而明顯的，並沒有什麼特別之處，它隨時隨地都在發生，而且發生在每個人和每件事物上。這就是創造力的價值所在。

獲得正確知識的最佳工具是覺知

獲得知識最佳的工具便是覺知，此外我們還需要辨識力、耐心、勇氣、仁慈的心腸、毅力、力量及幽默感。

——《自我的真相》

很多時候，我們總感覺自己活在別的地方，我們的身體和心靈隔得很遠，感覺自己與周遭的一切格格不入，有時，我們常常不知道自己當下正在做什麼，比如喝水的時候嘗不到水味，吃飯的時候品不出菜香，戀愛的時候體會不到真心，走路的時候腳感受不到和地面的接觸，說話的時候常常脫口而出，或者說個沒完，做事情經常慌慌張張、犯錯不斷，每天總是悶悶不樂，提不起精神……

這樣的我們其實是因為缺少覺知而處於一種迷茫的狀態裡。當我們意識到這種狀態很不好、很消極，想要擺脫這種狀態時，我們就會叩問自己：「人生的目的是什麼？」「我到這個世界上是為了什麼？」「我到底是誰？」「什麼才是值得我去做的事？」「人生，到底是怎麼一回事？」總之，每個人在每個階段都有屬於自己的謎題，我們的人生就是不斷尋覓這些生命謎題的答案的過程。

幾乎每一個人都這樣認為：我現在做的事就是正確的。希臘哲學家柏拉圖在他的《普羅塔哥拉篇》中提到這樣一種觀點：每一個人都認為自己的行為是正當的，但有時他也會對自己的行為或反應進行某種反思：「我為什麼要做這件事呢？它好像並不是對我十分有利。」但他最後往往還是忍不住去做了，這就說明我們所做的每一件事並不是全對自己有利的。更深地想一下，我們就會發現，無意識有時會作為我們背後的信念來指導我們行事，其實每個人都在做他們自認為對自己有利的事，只不過我們很少能察覺到這一點，因為我們還未擁有覺知的能力。

阿瑪斯所提倡的內在工作就是要幫助我們補足知識，讓我們解放，擁有覺知的能力，從而去認識一些事情，最終解開生命的謎題。當我們的內在工作進行順利，我們會越來越認清「身心便是知識的源頭」，連周圍的環境最後都會變成我們的知識來源。

這樣看來，我們在面對這些廣博的知識來源時，顯然是不能靠無意識行事，而是需要覺知的，因為覺知代表一種清醒的思考狀態。當我們帶著覺知行事的時候，就是在清醒地活著。缺少了覺知，我們就無法認識自己，不可能知道自己正在哀傷、憤怒、歡喜等。許多人在大部分的時候都無法準確地覺知自己身體的感覺，所以他們也就並不清楚自己在傷心、高興還是生氣，只能困惑、麻木地活著。由此可見，覺知是我們獲得知識的最佳工具，一旦我們對自己的身體有了覺知，我們就會對情緒有更多的認識，對解開生命之謎也更進了一步。當我們對知識的開放度和好奇心逐漸增強時，我們的覺知就會給我們帶來真正的知識，那些是我們從未想過的、更根本的知識，但是在覺知之外，我們還需要辨識力、耐心、勇氣、仁慈、毅力及幽默感來幫助我們獲取知識。

找到終極知識，才能做出利人利己的事

我們似乎應該為我們的人生找到最終極的知識，才能做出最有利於自己的事，然後才能解開生命之謎，並做出利人的事情。

——《自我的真相》

知識是什麼?用我們一貫的理解來說，知識是指學術、文化或學問，還包括我們在生活中積累的經驗。很多人利用知識獲得了名譽、地位、金錢，還有很多人拿知識來賣弄。比如，現在出版的很多書在背面或封皮的一頁通常會附上作者介紹、本書簡介，有時會加上評語。有些人看一看這些介紹，再翻一下目錄，就能大概瞭解這本書是在講什麼，這就是我們說的「書皮學」。搞書皮學的目的往往

就是為了炫耀、賣弄知識。在阿瑪斯看來，「知識並不只是用來謀職或是向別人炫耀的一種工具，它是埋藏在生命深處的一種東西，它跟空氣或陽光一樣的根本，它涉及我們所有的心智活動，情感上的選擇以及各種情緒反應。」透過阿瑪斯的敘述，知識不再是我們長久以來認為的定義，而是哲學上所定義過的終極知識，是在最高智慧下人主宰和改造世界的精神指引。

平時我們的反應都是取決於我們的知識，所以我們常常會受到自身知識、經歷的局限，在見解上、決策上有所缺失。我們的行動和情緒也都是基於我們擁有的知識，我們總是一感覺自己的身體有什麼不對勁，就開始害怕和擔憂，從記憶庫中去搜尋一個概念或知識來解答當前的問題，但我們從沒想過去深入地感受自己。結果往往是浪費了無數的精力，還為自己製造了無數的痛苦，但最終也沒有將問題完美解決。這都是因為我們習慣把自己吸收進來的知識、經驗視為是理所當然的、終極的真理，而沒有去認真探索當下的真相所造成的問題。但如果我們認真地檢視每個當下所面臨的情況，就會產生懷疑，不斷地向自己發問：我想要的這個東西真的對我是有益嗎？是誰告訴我它是有利的？那個人真的這麼認為嗎？這個東西對他或許是有益的，但對我也一樣嗎？

我們都知道，大部分人的所作所為都是出於對自己的考慮範圍內，為自己好，即使他們看起來是無私的，在為別人犧牲和奉獻。其實，就算是一個無私的人選擇去做對別人有利的事，但驅使他做這件事的動機仍多是出於自利的目的。真正好的、有利的事應該是對大家都好，就意味著我們和別人之間的界線消失了。我們應該為我們的人生找到最終極的知識，才能做出對自己、對別人最有利的事情，最終解開生命的謎題。

運作真實的意志力，展現真我

真實的意志力一旦運作起來，各種的活動和愛好都會是源自於本體的，它們會自然地展現出我們的真我，我們也會從中體認到自信和信賴感。

——《解脫之道》

我們對著一棵長滿了綠葉的大樹說：「我喜歡黃色的葉子，我要大樹長出黃色的葉子。」然而眼前的季節是不可能讓大樹長出黃葉的，這是我們無法改變的一件事，除非用油漆將葉子漆成黃色。你也許會覺得可笑，「怎麼有人會想用油漆去改變葉子的顏色，等到秋天到了，它自然就會變成黃色的，這樣遮掩的行為根本不能改變什麼。」其實我們對內心的感覺所做的手腳，不也是這麼可笑嗎？我們總是企圖運用各種方式來修飾和改變當下感受到的一切，來滿足自己的期望。

正因為如此，許多心靈修持的傳統都強調必須放下一般人所謂的意志力，因為它會阻礙我們和當下的經驗自然相處。真正的意志力就是以充滿信心的態度與當下的經驗共處，這其中有一種沒有疑惑的自信，深信與當下經驗共處是一件無比正確的事。其實事情就是這麼簡單，我們不需要對任何事情抱有任何希望，或是任何欲求，我們也不再需要從別的地方去尋找希望，因為當下這一刻一切都具足了，只要我們讓它自然地發生就對了。

我們必須停止那些逃避真相的習慣，因為真相就是眼前的事實，如果我們總是企圖把事情推開，或是企圖讓不同的事發生，就會阻斷真正的意志力進入我們的大腦。我們對意志力的探索，能夠引領我們回歸到對真相的覺察：真相是否能使我們得到自由。真正的意志力也是一種與真相共處的能力，而它的運作恰恰就是為了服務真相，讓真相毫不費力地顯現出來。

不論我們的經驗是痛苦的還是快樂的，我們都要跟它和平相處，這樣就能發現其中更深的真相了。如果我們能接受事情發生的方式就是它本應發生的方式這一點，那麼每件事都會順利起來，它會像奇妙的魔法一般以出乎意料的方式完美運作。

對人生有著全然的信心和信賴，讓事情自然而然地發生，並不意味著我們就不再採取任何行動了，這並不是說我們的人生不能有活動、偏好和行動。一旦真實的意志力運作起來，我們就會發現我們的各種活動和愛好都會自然地展現出真我。

也許你很難接受阿瑪斯這種對意志力的觀點，但是這就是最真實的情況，等時間久了你自然會明白。當我們體會了這個觀點，我們就能夠活在一種正向的、充滿愛的、喜悅的本然狀態裡。

第七章　瓦解自我理想

每個人都有一種想要找到人生意義的需求，於是，我們就會製造出各種各樣的理想，比如變得富有、獲得成功……等，希望藉由實現這些理想給生命帶來意義。當我們生活大部分的活動和考量都圍繞著這些理想進行時，卻很少有人會去質疑這個問題，其實理想不過是對實相的一種扭曲，並不會給我們的人生帶來任何意義。只有瓦解自我設定的那些理想和目標，到達一種既無希望又不絕望的境地，我們才能擁有成熟而圓滿的人生。

理想永遠是對實相的一種扭曲

有些人會把他們的本體變成一種自我理想。一旦把本體變成了一種理想，我們就不是在做真正的自己了。理想永遠是對實相的一種扭曲。

——《自我的真相》

很多人從小就由父母、老師設定好了人生的目標，這些目標構成了他們的自我理想。對許多人來說，最終的目標就是實現自我理想。事實是我們追求某個目標或理想，是因為我們認為當下的自己不夠好，或是自己想要的東西還沒有得到。而且我們還會認為，沒有理想就意味著懶散、無聊、乏味、半死不活。但事實真的是這樣嗎？事實真的就是我們看見、聽見的這一切嗎？

一次，靈祐在百丈懷海禪師的身邊，懷海問：「是誰？」

靈祐答：「是我。」

百丈懷海就對他說：「你撥撥看，爐子裡有火嗎？」

靈祐撥撥爐子說：「沒火。」

於是，百丈懷海親自起來，從爐子深處撥出幾粒火炭，夾起來對靈佑說：「瞧，這是什麼？」

靈祐當下大悟。

靈祐看不到爐中的星火是因為被世俗的假象障了目，我們很多人也是被「理想」障了目。每當我們追尋一個目標或理想時，就跟自己的當下分開了。我們不但沒有活在當下，還拒絕了當下的自己。

而我們的自我理想只不過是取悅父母和外人的東西，雖然在感覺上它是自己最重要的一部分，但是理想是否真的是我們最真實、最重要的一部分，還是很值得懷疑的。我們渴求被人無條件地愛著，但現實是別人不會無條件地愛我們。當我們對這種無條件的愛感到絕望時，就會理所當然地認為擁有某種理想就能讓我們得到想要的讚美和認可。於是，我們就把自我理想作為自己最重要的一部分，並希望別人都能注意到它。有些人還會把自己擁有的品質理想化，並且希望這些品質得到欣賞、認同和愛，有些人則會把本體變成一種理想。而當本體變成了一種理想，我們就不是在做真正的自己了，即便我們得到認可，也只是那個虛假的理想得到了認可，而不是我們自己得到了認可。誠如阿瑪斯所說：「這份期望的底端還有一層更深的渴求，那就是不論自己做了什麼，人們都渴望真實的自己能夠被人接納。如果得不到這份被珍惜的感覺，就會有一種深沉的沮喪感。」

理想永遠是對實相的一種扭曲。理想或理想化的傾向不被瓦解，我們就不會珍惜和欣賞自己的真我。那些沒有能夠達成自己理想的人，如果能不讓自己陷入絕望，就有機會發現自己的真我，也能領會到什麼是無望，不過他很難相信這才是他所要的東西。所以理想和任何理想化的傾向都必須被揭露，藉由內在工作認出它並瓦解它。

自我理想是一種彌補作用

自我理想就是一種彌補作用，其目標乃是填補心中的坑洞。每個人都有許多目標、理想和計畫，而這些都是在彌補某些失去的本體面向。

——《自我的真相》

在現實生活中，我們常常會這樣對自己說：「我們一定不要忘記自己的理想！我們一定要為自己設定人生的目標。有了目標，人生才有可能輝煌；有了目標，生活才真正有意義。」當我們在為自己制定一個遠大的理想或是成堆的計畫時，我們就會以為自己是在尋找人生的意義。其實這不過是在填補內心的坑洞而已。我們要藉由這些目標、理想和計畫，來彌補那些失去的本體面向。放眼望去，每個人都在填補坑洞，不但我們自己為自己設立理想來填補自己的洞，當我們沒能將洞填滿，我們還會讓我們的子女去完成我們設定好的理想、目標和計畫，這種填洞的做法周而復始，永遠在進行。但是如果我們仔細審視自己的行為，就會發現，這種設立自我理想來填洞的做法並不具任何作用，自我理想只能產生彌補作用，並不能解決最根本的問題。

在阿瑪斯的鑽石途徑裡曾提到「坑洞理論」，就是說我們會在自己的內心看到一個坑洞，一種空虛感，當我們去深入探究這份感覺，填滿這個坑洞，我們也許會用自己的其他部分來補這個洞，卻不具任何作用，因為本體的某個面向已經不見了。所以大部分的人都會選擇建立理想、目標、計畫，因為他們無法忍受沒有目標地活著。缺少了目標，他們就會覺得人生沒有意義和重要性，也會感到沒有方向和安全感。

自我理想不但跟填補自己的坑洞有關，也跟父母的理想有密切關係。我們很多人可能都是在完成父母未完成的理想，或是對父母理想的繼承。我們有時也會把與他人的關係、私人化的一些事務以及自己的存在看作一種理想。通常擁有這些自我理想的人對那些客觀的知識、客觀的意識都沒有興趣，只知道過度關注一些個人的、獨特的議題。但是，自我形象、自我理想是錯綜複雜的，本體的面向只不過是其中的一個元素罷了。比如一個人具備了力量這種品質，但他的自我理想未必是力量。所以，我們很難透過人生的某一處情境去揭露自我理想的作用，只能透過內在工作認出它。藉由內在工作，我們會揭露出人格中所有的信念、希望和夢想，而又不會非得達成它們不可，這時的我們就是自由的、愉悅的。

自我理想與誇大自我的區別

自我理想與誇大自我不是同樣的東西，它比誇大自我的防衛性要低一些。正常的人才會擁有自我理想，自戀的人只有誇大的自我。

——《自我的真相》

我們常常會聽到很多人喜歡吹噓自己的能力，誇大自己的成果，總在對別人說：「我是某某某，我做過某些事。」或者「這件事很簡單，要是我來做，肯定能做成。」這種現象就是誇大自我。

有一些人喜歡否定別人所說的一切，總是在貶低別人。這其實也是一種誇大自我的形式，這樣的人總是拒絕認清周遭的現實和自己的位置，要藉由貶低別人來支撐自己。心理學分析認為，只有自戀的人才會透過不斷誇大自我來達到自我滿足。

誇大自我和自我理想並不是同樣的東西。一個根據誇大的自我而活的人，通常是沒找到他的自我理想，所以只能透過誇大自我來保護自己。不過，誇大自我帶來的防衛要比自我理想所提供的防衛脆弱很多。自我理想雖然是屬於人格的，但是它更深刻、更穩固，能給人帶來長時間的心靈慰藉。當然，那些非常不切實際的自我理想也很容易被瓦解，因為現實不會支持它們。而誇大自我在現實中根本找不到立足之地，只能給人的心靈帶來一瞬間的虛假安慰，對人生和本體沒有任何助益。

試想一下，如果一個人的心中沒有太多的空間可以容納別人的觀點，那他的內心一定是非常脆弱的。誇大的自我正是用來防衛這種內心深處的創傷感和脆弱感的。這種想要掩蓋創傷和脆弱的企圖對誇大自我和自我理想來說是一樣的，因為在自我理想和誇大自我中真正的價值或本體都不存在。

有時一些人會選擇去誇大自我，是因為他們在童年時期沒有得到正確的指引。因為在童年時期，我們得不到外在的支援，為了能生存下去，就必須發展出自以為是的態度，不然的話，當誇大感一旦瓦解，那份缺乏支持的不安也會顯露出來，我們將會產生一種孤立無援的感覺。

由此看來，在某種程度上，每個人多多少少都會同時擁有自我理想和誇大的自我這兩種面向。自我理想象徵的是一種正常的狀態，而誇大的自我則象徵的是一種脆弱、易毀的反常狀態。

自我理想和誇大自我之間雖然有很多不同，但還是有所聯繫的，它們都沒有特定的固著傾向，而所有固著的傾向背後都有一個誇大的自我。雖然在我們這個社會裡，喜好誇大自我的人通常被視為對環境適應不良，即使這類人不會承認這一點，而有自我理想的人則被視為適應力良好的人，因為社會上大部分的人都有理想和目標。但其實，這兩者都是對本體和真正的價值視而不見的。

因為無法做自己，我們緊抓著理想不放

因為無法做自己，我們的人生變得無意義、無價值、無重要性，我們就會緊抓著理想或完美的未來不放，為了讓自己產生重要感。

——《自我的真相》

我們為什麼活在這個世界上？也可以說，我們活在這個世界上是為了什麼？為名，為利，為權，還是為了建功立業？可是死了之後這一切不都是一場空嗎？即使活得轟轟烈烈、多姿多彩，又能有什麼意義呢？那我們現在的奮鬥又有什麼用呢？生命的意義究竟是什麼？

降生到這個世界上的每個人都帶有一種需求：找到人生的意義。大部分人都以為他們所進行的

活動和所付出的努力將會給生命帶來意義而很少去質疑生命的意義，因為他們以為自己已經知道答案了。他們還會設定出各種各樣的目標，希望透過實現這些目標來明瞭生命的意義。這些目標都是對於未來的計畫，像變得成功、有錢、漂亮、有創意、到處去旅行等。

我們如果從另一個角度來看待這個議題：我每天所做的事到底是為了什麼？為什麼我要起床、上廁所、刷牙、洗臉、吃飯、上班、與人交流、睡覺？為什麼我每天都要做這些事？如果我只是想經歷這些事情，只要一天就夠了，為什麼要一再重複？這些事對我到底有什麼意義？很多人會花幾十年的努力，全心全意地完成目標。這些目標有時並不是為了生存或滿足實際的需求，那它究竟能給人們帶來什麼呢？是賺更多的錢嗎？也許有人會說：「是為了成功，成功會使我感覺更有價值。」成功給這些人帶來了價值、意義和重要感，這就是他們完成這些目標背後的驅動力。當我們把某些事物理想化之後，就會理所當然地認為這些事會體現生命的意義和重要感。為了讓自己產生這種重要感，我們會緊抓著理想或完美的未來不放，並且一直朝著這些理想不斷努力。

人們長年累月地活在最膚淺的層次裡，用許多方式來逃避內心的無意義感。一些人會藉著感官刺激或各種交際活動來逃避，譬如做危險的運動、犯罪、酗酒或嗑藥。這些強烈的感官刺激可以給人們這樣的感覺：「我是活著的，我的人生正在發生改變，它不是空洞的、毫無意義的。」另一些人會透過鈍化自己、麻木自己，或讓自己變得遲緩、不清醒來逃避這種無意義感。那些不斷追求目標的人，其實就是在鈍化自己。當那份想要思考、造作的需求變得越來越強烈時，人們就很難捨棄這些能帶來意義的活動了。為此，有的人還一直在擔憂，他們不知道這樣的活動一旦停止，該如何去面對那份空虛的感覺。所以，我們都在這樣告訴自己：只要我們還有一個目標，即使是治療身體的病痛，也能為自己的人生帶來意義。

人生其實是一種當下的、自發的活動，不僅僅是要達到什麼目標。我們所進行的一切活動都應該是自發的、毫不費力的，因為其中有它們的圓滿性存在。達到目標不過是這份圓滿性中的一種自發的活動。只有不按照目標而活的人才不需要為自己做死板、僵固的計畫，因為事情的發生都是他生命中最自然的過程而不是什麼計畫好的活動或目標。

依照自我理想而活，只會變成一顆假珠寶

我們會清楚地發現我們的自我理想只是心中的一個概念。若按照自我理想去發展，就會形成假珠寶式人格，我們學會的所有行為舉止都會變得虛假不實。

——《自我的真相》

我們所說的自我理想只是一種自我形象，一種包含了多種品質的理想形象，即一個被我們理想化的本體面向。我們會跟隨這個理想來構建出一個完整的自我形象，這個形象就決定了我們將變成什

麼樣的人——有什麼樣的想法、採取什麼樣的行動、過什麼樣的生活、跟什麼樣的人交往。但是我們必須知道，自我理想只是心中的一個概念。如果按照自我理想去發展我們的本體，我們學會的所有行為舉止都會變得虛假不實。誠如阿瑪斯所說：「依照自我理想而生活，只會變成一顆假珠寶。」

我們所謂的「假珠寶」是一種可以被明明白白看見的東西，是依照自我理想發展出來的表面膚淺的東西。在阿瑪斯的理論中，自我理想就是所謂的「污點」，而真我才是「重點」。如果我們依靠假珠寶而活，當理想還遙不可及的時候，我們仍然要有一個追求的目標，這個目標可以帶給我們一些希望。但當我們完成了自我理想，卻發現自我理想並沒有帶來我們預期的效果，我們就會感到驚慌和擔憂，只想快快找到另一個可以替代的理想，不然就很可能會痛苦。所以，要想免除痛苦，我們必須完全做自己，跟自己的「重點」合一才行。

當我們跟自己的「重點」合一，自我本體就會發展出來。自我本體是依照本體的某個面向發展出來的，是真正的無價之寶。活出自我本體跟我們自身的品質、能力或技巧都沒有關係，也跟我們在這個世界上的地位、跟活不活在肉體裡沒有關係。自我本體只是讓我們的能力和成就按照最真實的方式發展，它是「活在當下」和「成為我們自己」的一項重要的成果，是我們真正的本質。

若想真正活出自我本體，我們就要活在當下這一刻，徹底做自己，這樣就會品嘗到充實和圓滿的滋味。當我們達到那種圓滿而充實的自我實現，我們不需要變成任何東西或達到什麼目標，因為到那時，我們在任何一刻都是在做我們自己。因為無法做自己，我們才會設定許多目標；因為真正的自己不見了，找不到真實的方向，人生才會變得沒有意義、價值和重要性。我們如果能允許自己存在而不企圖變成什麼，我們就會發現人生的每一件事都是重要而有意義的。不過，這樣的人生並沒有完全把目標排除在外。一個活在當下的人也可以有目標，只不過他的目標不再是變成什麼，而是表達他當下的最真實狀態。

看透自我理想，可能會經歷深刻的自我憎恨

一個人一旦看透了自我所有的理想，就會開始經驗到負面狀態。他必須對治那個充滿著憤怒和怨恨的自我面向，而且必須看到他的自我憎恨及自我排斥。

——《自我的真相》

有一點要說明的是，自我理想不但會被經驗成一個必須達到的目標，而且它所涉及的一切活動都會帶有理想色彩。你的心深深相信只要把某件事做得完美，就會帶給你真正想要的東西。你所有的活動都取決於你的自我理想。假如你把力量這個面向視為一種理想，那麼你不但會讓自己變得有力量，而且一直想達到完美。每一件被你看重的事情，裡面都有對力量的關切。你不想有虛弱的感覺，或懦弱的行為，你永遠都想證明自己是強大的、有力的。

一個把愛理想化的人，會想要把自己打造成一個有愛心的人。他不斷地想對人更好一些，他的思維、感覺和行動都會被這種想法所感染。這個人從不允許自己成為愛的本身，這其實是在扭曲愛。一個把認知活動理想化的人，永遠想知道更多的東西，他以為一旦知道了這個或那個，他就自由了。對這樣的人來說，不知道便是地獄，他人生大部分的活動都跟認知有關。一個把能力視為一種理想的人，往往會對行動感興趣，他會利用自己的權力去做許多事。還有一些人總想成為保護者，他們的活動都跟保護別人及護衛別人有關。他們以為若是變成一個完美的本體保護者，就能證入本體，因此他們所有的活動，包括內在的與外在的，都帶著一股保護的味道。你可以在你所有的活動和考量中認出這點，並能藉由它來發現與那個本體面向有關的自我理想。這股味道會出現在人格的每一個層次，甚至會出現在每一個細微的層次中。只有當你成為真正的你時，才不會有這股味道。

前面，我們講了很多關於自我理想對本體、對人生的破壞、阻礙，但是如果一個人真的看透了自我所有的理想，他就會開始進入到一種負面的狀態。那時，他就必須面對一個充滿著憤怒和怨恨的自我，而且會產生自我憎恨和自我排斥的心理。打個比方，本來你是在天堂裡生活，結果突然被逐出了天堂而打入了地獄。於是，你只好在頭腦中編織出一些充滿希望的理想，並藉由不斷努力來幫助你重返天堂，以為這樣你就不會在地獄裡受苦了。一旦放棄了這份希望，你就會看見自己其實正身處地獄，這時，你就會感受到一種深刻的自我憎恨及自我排斥。

一旦你辨認出自我理想，就會發現它有各種護衛它自己的方式。你還會發現你的心智活動不斷在依照著自我理想去思考、感覺和行動。而且自我理想是非常狡猾的，當你想擺脫掉它，讓自己處在一種和諧的狀態，這正是自我理想企圖做到的事；假如你想藉由瞭解這個問題而得到某種結果，那麼你仍然被自我理想掌控；如果你預期將會發生什麼事，便落入了自我理想的驅力中；你想得到一個結果，而這個結果必定是自我理想的產物。這麼嚴密的包圍，你怎麼可能從自我理想中解脫出來呢？心靈大師阿瑪斯告訴我們：「對付自我理想最好的方法就是去理解它，然後你就會看見將要發生的事是什麼了。」

辨認出你的自我理想而不去完成它

若是能認出自我理想而不去完成它，我們就可以把自己的能量貢獻出來。這是揭露了自我理想但又不依照它行事才會發生的事。

——《自我的真相》

我們的整個社會，甚至整個人類歷史都是在依存理想前進和發展的，我們自己也依存自我的理想活了許多年。從小，我們就常常被問：「長大了，你想做什麼啊？」上學時寫作文，總會遇到「我的理想」這種題目；媽媽或爸爸從小就會給我們灌輸要成為科學家、音樂家、藝術家、作家的想法，於是，我們為了成為各種「家」，就要不斷地強迫自己去學科學、學樂器、學畫畫、學寫作。好像只有帶著這些「崇高的理想」，我們才能夠充滿幹勁好好生活。

所以，進行內在工作的初期，要我們辨認出自我理想就不是一件容易的事，而讓我們去發現理想背後代表的面向更是難上加難。即使許多人都認為自己能立刻看到心中的理想是什麼，這也並不意味著他們的認知就是正確的，他們就真的知道那個就是自我理想，因為自我理想常常會用一些很微妙的方式來隱藏自己。要知道，我們所面對的自我理想可是一個可以操控我們整個人生的東西，它非常強大而有力，以至於我們在一時之間根本無法清楚地認出它來。它還會用各種目標、偏好、興趣作為掩護出現在我們面前，如果我們清楚無誤地認出它來，可能會給我們帶來某種情緒體驗。

在進行內在工作時，我們不僅要學會如何準確無誤地認出我們的自我理想，同時還必須擁有一些對本體的認識，這樣才能保證我們把理想隔絕出來，並認出本體的某個面向。但是，有一些原因會給我們造成困難，比如我們的心還有一些障礙，看不到本體；發現自我理想時產生的某些情緒，等等等。可見，我們所進行的探索和修持其實是非常困難的，我們必須對自己有深刻的認識和瞭解，而且要能夠精準無誤地認出真相，還要能夠承受自我理想帶來的那些情緒，否則就無法清晰地揭露自己的本體了。

有一句話是這麼說的：聖壇背後就是魔鬼的藏身處。

聖壇就是自我理想，藏在它背後的魔鬼便是自我。這句話在提醒我們：自我理想為自我提供了良好的藏身之處，讓我們無法準確地找到它們。要知道，這兩者都是我們必須要辨認出來並全部拋棄的障礙物。很多時候，我們只是粗略地知道自我理想是什麼，卻不知道它對我們的人生有多大的影響。正是由於我們對自我理想的不確知，那些環繞在自我理想周圍的情緒才沒有明顯展示出來。而我們對於解脫的興趣和期待也會成為一種障礙，因為一味想達到解脫只能讓自己受制於自我理想。

所以，如果我們能夠清楚地辨認出自我理想但不去完成它，也不依照它行事，那麼我們就可以把自己的能量貢獻出來，用於進行內在工作或自我修持。這樣的話，我們就可以清楚地發現真相是什麼，本體是什麼，而不會讓自己再處於一種無明而又蒙昧的狀態裡了。

讓每個人的能力自然顯現

每個人從一生下來便帶著真我和本體的「重點」，每個人的自我本體都有其獨特的發展方向。我們必須跟自己合一，才能讓自己的自我本體自然顯現出來。

——《自我的真相》

每個人都是帶著真我，也就是帶著本體的「重點」降生到這個世界上的。雖然在我們看來每個人都不一樣，但每個人所具備的品質卻是普世性的、相同的。只是因為每個人的自我本體都有獨特的發展方向，所以，不同的人才能發展出這麼多不同的生活方式。

從前，有一匹馬和一頭驢子。它們是好朋友，馬在外面拉東西，驢子在屋裡推磨。後來這匹馬被一位大師選中，跟隨大師去外地取經、講道。*17* 年後，這匹馬馱著佛經回到家鄉。它來到磨坊見它的驢子朋友。老馬談起這次旅途的經歷：浩瀚無邊的沙漠，高峻陡峭的山嶺，峰頂的冰雪，海洋的波瀾……這些神話般的境界，讓驢子聽得津津有味。

驢子感嘆道：「你怎麼有這麼多豐富的見聞啊！我連想都不敢想會走那麼遙遠的道路。」

老馬說：「其實，這麼多年以來，我們走過的距離是差不多的，當我向遠方前進的時候，你也一步都沒停止過。不同的是，我和大師有一個遙遠的目標，並且始終按照那個方向前進，所以我們擁有了一個更廣闊的世界。而你只是被蒙住了眼睛，一生都圍著磨盤打轉，所以永遠也看不到外面的世界，走不出這個狹隘的天地。」

就像故事中的老馬和驢子，有著不同的生活方式和經歷，卻走了相同里程的路途。在生活中也是一樣，真相就是真相。但是，每個人對真相都有獨特的貢獻、獨特的理解，對世界也有獨特的自我實踐方式、獨特的工作及獨特的生活形式，這些都跟我們的自我本體有關。

自我本體這個無價之寶一直在發展，它的核心是真我，是從心靈出發得到發展的。一旦我們能夠體認到自己是自我本體，就會發現自我早已圓滿了——因為我們認出了真我，所以我們開始真的成長和發展自己的潛能。如果說真我等於「我」，自我本體就等於「我是」。一直以來，真我被視為自己的源頭和內在之神，而自我本體則被視為神的產物。所以真我是超越時空的，自我本體則是在時空之中的一種存在形式。

我們每個人都是帶著特殊的使命，有著獨特的價值才來到這個世界上的，我們本體的發展方向不同，能力也就各不相同，所以，我們要和自己合一，讓本體的成就自然顯現。

瓦解理想化，到達無希望也無絕望的境界

我們要藉由內在工作去理解自己，瓦解理想化的傾向，達到一個既無希望也不絕望的境界。

——《自我的真相》

很多人以為人生的終極理想就是香車寶馬，錦衣玉食，這些當然是美好而令人羨慕的，但我們也應該看到，人們在實現這些理想的同時也不得不放棄一些原本寶貴的東西，比如時間，比如愛好，比如真情。當那些寶貴的事物逐漸被我們丟棄的時候，我們還能體會到人生的意義是什麼嗎？一個從來沒有找到真我的人永遠會覺得自己是失敗的，當一個人無法成為自己的真我，他就會想把

自己理想化，卻又可能在實現理想之後感到失望，進而發現理想並不能給他帶來什麼。很多人都不能在理想和真我間保持一種平衡的狀態，所以就會感到迷茫，內心空虛，提不起勁。

在一個小鎮上，有個年輕人，他感到很迷茫，於是經人指引，找到了智者。當智者瞭解了年輕人的來意後，交給他一把盛滿水的湯匙。年輕人不明白智者的意思，便向他請教，智者並沒說什麼，只讓這個年輕人拿著裝滿水的湯匙外出遊走一圈，路上看到什麼風景回來告訴智者就行。

年輕人端著湯匙邊走邊看，他經過熱鬧的集市，看到琳琅滿目的商品，欣賞到悅目的景色，還有一個個如花似玉的美麗女子。年輕人將這些景物一個不漏地記在心底，下午，他回到了智者家中。年輕人滔滔不絕地向智者講述了自己所看到的一切，當他說完後，發現手中的湯匙早已滴水未剩。

智者讓他再去外面走一圈，這一次，年輕人小心翼翼地呵護湯匙，唯恐湯匙裡的水流到外面。當他回來時，發現湯匙裡的水雖然還在，但是腦子裡面卻是一片空白。這時候，智者對年輕人說道：「人生就是你欣賞了美景的同時也守住了這匙中的水。」

我們每個人都像故事中的年輕人一樣，不是無法清晰地看到自己的理想是什麼，就是只顧理想而失去了其他美好的事物。於是，我們就會想盡辦法去尋找自己的理想，這樣一來，卻發現理想反而更模糊不清了；有時我們又會刻意地讓理想變得模糊，或者忘卻它，藉以逃避當下的真相；有時我們害怕面對理想無法滿足時內心產生的絕望；有時我們則害怕面對理想實現後失去目標的空虛。如果人們在面對這些問題時不陷入沮喪和絕望，而是真誠地質疑這些情況，就可以趁此探索自己的真相，發現真我。

我們最終會發現，只要我們試圖實現任何理想，就會感到痛苦。只有充分經歷痛苦的過程，我們才能認清這一點。當我們深深地體驗到痛苦的感覺，並且在這個過程中產生了完整的瞭解，我們就成熟了。我們就會知道：我們要達到的是一個既沒有希望也不會絕望的境界，我們必須藉由內在工作去理解自己、理解真相，否則這樣的境界永遠不會出現。

第八章　不執著地生活

如果你看看自己就會發現執著無所不在。你隨時都在用一些自己喜歡的東西來填滿生活，不論是物質的，還是心靈的，其實你是以對它們的執著來填滿自己。它們儼然成為你生命的主宰，也主宰著你的痛苦。累積執著是容易的，要想不執著地生活，得到徹底的解脫卻困難重重。

執著的根源乃是對徹底合一的渴望

我們常會執著於任何一個我們認為會帶給我們安全感或快樂的東西，這種執著其實是被一份想要融合、聯結或合一的欲望所驅動的。

——《解脫之道》

我們通常所認為的執著是什麼?我們又能夠從執著那裡得到什麼?要想解決這兩個問題,我們要先審視執著到底是什麼,再看看它有哪些層次,最後來探索如何才能擺脫它。比如,有時我們會說我們很愛一個人,或是對他有一種揮之不去的執著之心。其實我們通常理解的這份執著是一種不自然的、強求的或是想緊抓住某人不放的態度。有時,我們會執著於不斷地收集某種東西,如古董、郵票、明信片等,很多人為了這種癖好傾家蕩產,其實這也是我們內在所產生的一種不自然的、造作的態度。

馬祖道一禪師是南嶽懷讓禪師的弟子。在般若寺修行期間,馬祖道一整天盤腿靜坐,冥思苦想,希望有一天能夠修成正果。

有一次,懷讓禪師路過禪房,看見馬祖道一坐在那裡面無表情,神情專注,便上前問:「你在這裡做什麼?」馬祖道一答道:「我在參禪打坐,這樣才能修煉成佛。」懷讓禪師沒說什麼就走開了。

第二天早上,馬祖道一吃完齋飯準備回到禪房繼續打坐,忽然看見懷讓禪師坐在井邊的石頭上神情專注地磨著什麼,他便走過去問:「禪師,您在做什麼呀?」懷讓禪師答道:「我在磨磚呀。」馬祖道一又問:「磨磚做什麼?」懷讓禪師說:「我想把它磨成一面鏡子。」

馬祖道一愣了一下,道:「這怎麼可能呢?磚本身就不反光,即使我們磨得再平,它也不會成為鏡子的,我們不要在這上面浪費時間了。」懷讓禪師說:「磚不能磨成鏡子,那麼靜坐又怎麼能夠成佛呢?」

馬祖道一頓時開悟:「弟子愚昧,請師父明示。」懷讓禪師說:「譬如馬在拉車,如果車不走

了，我們是用鞭子打車，還是打馬？參禪打坐也一樣，天天坐禪，能夠坐地成佛嗎？」

故事中的馬祖道一執著於參禪打坐，以為這樣就可以成佛，殊不知，正犯了大忌，走入了執著的迷思，執著指的是一個東西執著於另一個東西，或是一個主體執著於一個客體。表面上看來，我們覺得自己可能只是想要那個東西，而不想要這個東西。如果我們能仔細覺察內心的執著，就會發現其實我們一直渴望的只是跟那個東西合一。

當我們執著於某樣東西或某個人時，我們會像糨糊一樣黏著這個人，我們不想失去自己所執著的對象，只想跟它融合或合一。我們會執著於任何一個我們認為會帶來安全感或快樂的東西——夢想、理念、感覺、人、車子、房子等，有的人甚至會執著於恨，用一種相反的方式表達合一的渴望。執著雖然是一種想要消除界限從而達到合一的渴望，可是一旦處於執著之中，界限就被製造出來了。執著只不過是一種對合一或聯結的誤解，真正的合一或聯結意味著兩人之間的界限徹底消除了，不再有一個人執著於另一個人。

擺脫執著、促成解脫的七個要素

結合成客觀意識的七個要素——能量、決心、欣喜、仁慈、祥和、融入及覺醒——會融合成一種客觀的品質，用來對治人格的執著傾向。

——《解脫之道》

我們執著於自己所依戀的事物，並不想看見事情的真相。如果想要擺脫執著，更快地得到解脫，我們就需要七個要素，而這七個要素是專門用來對抗執著的。

第一個要素是能量，它可以幫我們轉化人格和它的模式。如果我們擁有能量就意味著我們有足夠的能力、勇氣和耐力來轉化自己。因為我們需要理解的事非常多，只有勇氣和精力才能突破理解過程中的障礙，有能力對治那些妨礙覺知的幻象。所以，必須先發展和釋放出能量。

第二個要素是決心。如果沒有決心，能量就會失去意義。只有堅定不移的決心和不動搖的意志，才能讓我們持續地面對挫敗和失望。決心能使我們堅持下去，使我們對那些阻礙自己的東西說：「無論發生什麼事我都要堅持下去，失望、痛苦或恐懼都不會讓我停止。」

第三個要素是在整件事中保持一種輕鬆感，也就是一種欣喜的感覺。這種喜悅感與輕鬆感是看見真相及體認到真相時所產生的。就像孩子一樣對事物充滿著欣喜又單純的好奇，避免事情變得過於嚴肅。

第四個要素是仁慈。這是非常重要的，因為擺脫執著的過程非常艱辛，所以我們必須仁慈地對待自己。在還沒有解脫之前，受苦是很自然的事，只有仁慈會讓我們更信賴自己也更信賴成長，不會讓自己更苦。仁慈會帶來無私，有了這種仁慈之心，我們會友善地對待每個人、每件事。這時，我們不但想解脫自己，也想解脫別人。當仁慈消融掉那些固著或設限的傾向，我們就會從執著的狀態中解放出來，從而變得更信賴自己，對別人也會更慈悲。

第五個要素是內心的祥和，這是一種不讓我們永遠都在活動和思考，而要求我們安靜下來的能力。讓心安靜下來才能體認到真正的解脫，才能抓住轉瞬即逝的解脫感。如果我們一直都在思考和擔憂，那麼我們只會阻礙對解脫的體認。

第六個重要的要素是一種對我們正在做的事的一種融入。我們要忘我地專注於眼前的體驗。當我們完全投入於體驗中，我們的頭腦就完全停止了區分或分別。這種與體驗之間的關係能帶給我們一種擺脫人格的解放感。我們可以融入於任何一種行動、情緒、思想、感覺或本體的某個面向，達到一種徹底自我消融的狀態。

第七個也是最後一個要素就是覺醒，就是說我們要在我們的體驗之中覺醒，即我們要有清晰的覺知。覺醒的品質是對治昏沉和愚鈍的解藥，我們必須靠它來瞭解我們所有的人格議題，也必須靠它來對治執著的傾向。這要求我們對眼前發生的事是充滿覺知的，裡面沒有絲毫昏沉的成分。在我們清明的覺知之下，事物變得清楚而明確，我們能如實看見事物的真相，我們的心是徹底開放及清明的。

能量、決心、欣喜、仁慈、祥和、融入及覺醒這七個要素會融合成一種客觀的品質，讓我們不再受無意識的影響和過去的經驗、觀念或意見的制約，能夠使我們從執著傾向中解脫出來，也讓我們擁有了喜悅的、仁慈的、充滿活力的、有決心的、明透的、覺醒的、祥和的品質，能夠更柔軟、更細緻、更放鬆、更暢然無阻地生活。

我們所執著的自我形象並不存在

我們最深的執著之一就是我們的自我形象，包括我們看待自己以及別人看待我們的方式。內在工作就是要消解自我形象，認清自我形象根本是不存在的。

——《解脫之道》

「我不是那種類型的人！」「這根本不是我的作風！」「我的性格不適合做那樣的事！」「這樣做才是我。」這樣的話，我們經常在說，或是我們經常會聽到別人在說。在每個人的認知裡都有一個「我」來判斷自己屬於某種類型，擁有某種性格，有某種作風。這個「我」究竟是什麼？和我們自身到底有什麼關係？我們每個人都想知道答案。

從我們出生時起，我們遇到的人、經歷的事、生活的環境一起形成了「我的作風」，這就是所謂的自我形象，是我們自己給自己的形象。

親人、朋友、老師、上司、前輩對我的認知，擦肩而過的路人向我投來的視線，別人對自己的所作所為的評價……我經歷的無數的經驗，限定了「我是這樣的人」。只有這樣，才是我；不這樣就不可能是我。而我也認同了這種限定，為了保持自我同一性，我開始在這種限定下限定自己，殊不知，這種對自我的限定就是我們最深的執著。

由此可以得出結論：我們的自我形象是指我們眼中的自己、我們想要成為的狀態和我們想擁有的事物，也包括我們看待自己和別人看待我們的方式。但是我們所執著的自我形象往往都是膚淺的，比如說善良、可愛、強壯、有權力、有錢、美麗、被人信賴等。大部分人都活在這些膚淺的形象的管制中。

我們通常會認同這些膚淺的自我形象，認為這些形象就代表了自己，這種關於身分感的認同就是執著產生的源頭。為了保證這個形象永恆不變或者給人留下正面的深刻印象，我們不斷地為自己的形象奮鬥，這就是我們執著於自我形象真正的原因。漸漸的，各種執著形成了我們的自我形象，從我們的耳環到朋友，從興趣、喜好到概念和感覺，甚至我們的人生哲學，只要是我們所專注的對象，隨時都會參與到我們的自我形象。

我們進行內在工作的目的就是要消解掉這些讓我們執著於其中的自我形象。消解就是讓我們認清自我形象根本就不存在。當我們透過內在工作消解掉某種身分認同時，就意味著我們認清了我們並不是某種身分或形象，在這個形象上創造出來的生活模式也不是我們自己想要的。真相一旦被看到，假象就會被消解掉。我們如果誠實地理解自己，就可以消融掉這些自我形象，就會產生自由的感覺。

曾經我們以為缺少了那些形象、概念、事物、執著，我們就不存在了，我們就不再是自己了。但是，當我們不再抱持自我形象，我們就會發現一個新的空間出現了。當這個空間出現時，我們的心裡就不會有任何畫面和界限。因為它會抹掉我們的界限，讓我們體驗到另一個層次的空無。

覺得逍遙自在，便是處於解脫狀態

我們的心一旦變得自由、不執著、不擔憂，也不特別關注任何事物，那一刻我們就是解脫的。「逍遙自在」這個詞很清楚地告訴我們什麼是解脫狀態。

——《解脫之道》

現實生活中的人們總在追求解脫或最終的幸福，因為他們總有各種各樣的理由發現自己的不幸和不自由，似乎自己總是生活在痛苦中。有的人在祈禱：生活這麼痛苦，請給我救贖吧。事實上，生活上的痛苦能有多少？又有多少痛苦是被自己放大了呢？生活在當今這個社會中的很多人總是在自怨自艾中度過自己的人生，卻忘了停下來，去看看是不是真的有那麼痛苦，有多少痛苦是來自自身的念念不忘。

多年以前，有一個女孩因為失手傷了人而坐牢，儘管後來被釋放，她仍然很痛苦，就到教堂禱告，希望上帝能夠分擔她的痛苦。看到女孩一臉悲傷，一位牧師問她發生了什麼事。這個女孩哭了，她泣不成聲地說：「我好慘啊，我是多麼不幸啊，我這一輩子都忘不了這件事情……」

聽罷她的陳述，牧師對她說：「這位小姐，你是自願坐牢的。」

這個女孩被牧師的這句話嚇了一跳，說：「你說什麼？我怎麼可能自願坐牢？」

牧師對她說：「你儘管已經從監獄裡出來了，但你的心仍然天天自願地坐在牢獄之中，不曾解脫。」

「這是什麼意思呢？」女孩不解地問。

「你身邊發生了一件不好的事情，你就天天回想，這不是很笨的事情嗎？這與重蹈覆轍有什麼區別呢？」

其實，我們的人生之所以痛苦，莫過於擁有太多執念。執念讓人總是無法釋懷，將自己鎖在痛苦的牢籠中，在你快樂的時候折磨你的內心，在你難過的時候雪上加霜，讓你陷入自己佈下的痛苦陷阱，一而再再而三地重複自己的痛苦。只因為痛苦被一遍一遍地回想，才擠佔了心中本應屬於快樂的地方。

一旦我們的心變得不執著、沒有任何擔憂，也不會去特別關注任何事物，那一刻，我們就是解脫的、自由的。這種狀態的特色就是沒有任何定點，我們不再集中於任何議題或經驗，眼前存在什麼就是什麼，我們的心裡也不會想著「我要這個，我要那個」、「我要想一下這件事」或「我非得這麼做不可」。這時，我們的心完全是放鬆的、自在的，也就是平時所說的逍遙自在。但是，這樣的狀態永遠不可能透過努力而達成，它會在某一天自然地出現，當你注意到它的時候，千萬不要認為它是一件多麼了不得的大事，依然做你正在做的事就好。一旦把它看成是一件了不得的大事，它就會消失不見。

在每個人的一生中，這種解脫經驗都是來了又去，去了又來的，我們不會特別意識到它。處於這種狀態時，心中所有的事都會放下，心是開放的，腦子也不會執著在任何想法上。一切都很平常，沒有什麼事發生，也沒有什麼巨大的開悟的瞬間或令人震撼的經驗。那是一種最自然、最平常的狀態，即使我們擁有了它，也不會知道自己正處於這種狀態。在日常生活裡，如果我們沒有自覺地去意識什麼，或不特別關注某個事物時，就是在經歷這種狀態。

不認同不是否定，只是不執著

許多人認為不認同是一種否定，其實不認同只是一種不再緊縮、不再自以為是的放鬆狀態。

——《自我的真相》

阿瑪斯曾經說過：「一個人必須真的不認同才能真的理解。」看到這句話，我們也許感到很迷惑，那就讓我們首先來釐清什麼是不認同。我們通常認為的不認同就是不認可、不贊同，認為兩者並不一致，但是在心理學上「認同」和「不認同」都是一種覺知或自我觀念。如果想要瞭解什麼是阿瑪斯所告訴我們的「不認同」，就必須先弄明白什麼是認同。當我們認同了某件東西或某種狀態，就等於是在說：「這個東西就是我，它跟我有關，在某種程度上它能界定或代表我這個人。」這時，我們的心就會執著於某種感覺、狀態或說法，這樣一來，我們的心就會因為這種執著的活動而感到緊縮，這種緊縮的狀態又會製造出所謂的「身分感」。

可是我們又做不到把自己和身體完全分開，要怎樣才可以不認同這種「身體就是我」的信念呢？在很多人看來不認同就是否定、拒絕、排斥、抗拒，如果不認同是以否定、排斥這些方式來進行的話，並不能解決問題。要我們不認同「身體就是我」的信念，我們就會去完全否定自己身體的這一部分。而實際上，不認同「身體就是我」指的是要我們去覺知我們把身體當成了自己，還要去瞭解我們並不是自己的身體。一旦做到這兩點，之前那些錯誤的假設、想像就會自動消失，我們也就不會再認為自己就是這副身體了。

於是，我們就會發現，不認同並不是一種活動，而是一種不緊縮、不自以為是的放鬆狀態，如果一個人想要擺脫某個東西，那他就是在認同那個東西。如果一個人否定了自己的一個部分，也等於是認同了那個部分，因為他的心仍然是執著和緊縮的。

如果想要做到不認同，就必須先覺察到自己在認同，要弄清楚自己為什麼會有這種信念、這種信念是什麼時候產生的。當我們覺察到自己在認同的時候，認同的感覺就消失了，我們因為執著而產生的緊縮感也就不見了。

阿瑪斯的內在工作就是要我們去學習不認同。不認同內心的抗拒力，也不認同情緒上的衝突，只是去認清它們在根本上都是錯誤的、荒謬的。如果能做到這一點，我們就能真正做到不認同、放下和接納。

我執是最頑強的一種執著

我們總是會執著於一種身分感，因為我們以為自己需要一個中心點，而任何一種對身分的執著，即使是對真我的體悟，都會變成虛假的身分，這是我們最深的、最強悍的執著。

——《解脫之道》

我們常常會執著於一種身分，以這種身分為我們的一個中心，殊不知，正是這種身分感給了我們虛假的身分，讓我們找不到自我。但是，如果我們執著的身分感不是真的「我」，那麼，什麼是

「我」？從古至今，對「我」的認識與探索一直未曾停止，古希臘先賢蘇格拉底的名言之一就是「認識我自己」。聖嚴法師將這個「自己」分為了兩個層次，一是個人自私的小我；二是仁愛、博愛的大我。從另一個角度，自己又可視為物質上的身體和精神上的心靈的結合。身體每時每刻都在改變，而且註定會死亡；精神同樣在外力與內因的作用下變化著，而且每一刻的念頭也總會消失。因此，「我」只是一種虛幻的妄念，因我生執，因執而苦。

從前有一個和尚犯了法，由一名差役負責押送他到流放地。

一路上，差役十分謹慎，生怕犯人會從自己的手裡逃脫。他心思縝密，每次吃飯休息時不僅對犯人寸步不離，而且常常清點隨身物品，每次清點都會自言自語：「和尚還在，公文還在，佩刀還在，枷鎖還在，包袱還在，雨傘還在，我也在。」和尚每每聽到他反覆念叨都忍俊不禁，同時暗暗尋找逃跑的機會。

終於快到目的地了，和尚對差役說一路勞頓頗感不安，於是要出錢請他好好吃一頓，以表示自己的感激和歉意，並起誓絕對不會逃跑。此時的差役也放鬆了警惕，在和尚不斷的勸說與奉承下很快酩酊大醉。

和尚摸來差役的鑰匙，打開了枷鎖，臨逃走之前想起了差役平日的反覆念叨，不由興起，想跟差役開個玩笑，於是用佩刀剃光了差役的頭髮，又把枷鎖戴在了他的身上。

差役大醉醒來，吃驚不小。他猛一拍自己的頭，然後又看到了自己身上的枷鎖：「和尚還在！」他頓時釋然，繼而習慣性地清點：「公文還在，佩刀還在，枷鎖還在，包袱還在，雨傘還在，我還……我呢？」

差役不知所措，見人就問：「你們看見我了嗎？」

差役執著於事物的表象以至於丟失了自己，他的「無我」是滑稽的，既令自己苦惱，又引得旁人發笑。但是我們又何嘗不是如此呢？我們執著於我們的身體或是執著於內心經驗，有時還會執著於心理上的認同感和我們所有的思想和感覺。只要我們仍然想著「我正在做這個」或是「我想要那個」，我們就沒有擺脫自我的執著，這就是我們最深的執著，肉體的死亡也不能消除這種執著。我們只有認清我並不是自己的身體，才可能看見自我。

不過，也不要對自我感帶有排斥和抗拒的心理。有的時候，這種對自我的認同感倒是可以幫助我們發現真我和假我之間發生的一些互動，還會幫助我們認清什麼是真我，什麼是假我，進而消除我執這種最頑強的執著。

消除對存在或不存在的依戀，即是不執著

存在或不存在只是實相不同的兩極，執著於任何一極都是一種執有的態度，只有消除對存在或不存在這兩種狀態的依戀，才能進入不執著的狀態。

我們的感情、精力總容易花費在我們中意的某件東西上面，這就是所謂的「執著於一念」，當然，也可能會同時執著於幾念。很多時候，我們心心念念著某一種東西，就會困住自己，讓自己始終不能解脫，也很難認清自己，更無法與這個世界最終合一。我們要明白，其實存在和不存在只是實相的不同兩極，執著於任何一極都是一種執有的態度。

一位美國商人因為生意失敗承受不住打擊而一蹶不振，他只要一想起曾經的風光，內心就充滿了無限的悲哀，他覺得自己這一生都完了。

商人的妻子看到丈夫頹喪的樣子，心裡很痛苦，原本幸福的家庭沒有了當初的歡顏笑語，取而代之的是愁雲慘霧。

商人的朋友們起先都常來商人家裡勸慰他，結果都是無濟於事。漸漸的，來他家的朋友越來越少，直到最後一個朋友搖著頭無奈地離去，他才意識到自己不能再這樣下去了。他看著妻子擔憂的眼神，孩子天真爛漫的表情，他覺得自己必須要堅強起來。於是，他決定去拜訪著名的波蘭籍經師赫菲茨，請求經師指引他走出困境。

商人來到赫菲茨的住處，立刻被眼前看到的景象驚呆了。原來，赫菲茨住的房間極其簡單，唯一的傢俱就是一張桌子和一把椅子，但是房間的每一個角落裡都放滿了書。

商人想像不出一個人在這樣簡單的地方該如何生活，何況這個人還是位德高望重的經師。

「大師，你的傢俱在哪裡呢？」商人好奇地問道。

「你的呢？」赫菲茨沒有回答，反而回問商人。

「我的？我只是從遠方前來拜訪您的過客，我只是路過呀！」商人說。

「我也一樣！」赫菲茨輕輕地說。

故事中的赫菲茨以一位過客的身分生活著，不對外物產生任何的掛念和執著。因為執著總是會給我們製造出各種界限和痛苦，不論我們執著的對象是好是壞，是對是錯。只有當我們不執著於一件事物或一種習慣，它才會失去指揮、擺佈我們的能力，我們也就獲得了自由。

如果我們想要消解掉執著，不需要去刻意做什麼，只要認清和理解我們對最真實本質的執著就夠了。在認清和理解執著的過程裡，我們會體驗到一種空無的感覺，它能最終消解掉執著。即使是面對我們最真實的本質，我們也不需要做任何事，只能試著去領悟。因為我們無論做什麼事，都是在執著。當我們真正領悟到最真實的本質時，自然會感受到一層更深的空寂，也就是最完整、最徹底的空無感。這時我們就已經沒有任何執著了，可以執著的對象全都消失不見了。外在形象、身體形象、肉體的實存感、人格、本體、存在或不存在，這些感覺也全都消失了。

理解事實的真相，能使人擺脫執著

執著是被欲望和恐懼製造出來的，會出現渴望是因為我們欠缺理解，只有理解、智慧或認清事情的真相才能使人擺脫執著。

——《解脫之道》

執著都是從我們內心的欲望和恐懼中生出的。我們渴望美好，因為對不美好心懷恐懼；我們渴望快樂而害怕痛苦，希冀生而畏懼死。如果我們願意檢視一下內心的恐懼和欲望，就會發現恐懼是以欲望為基礎的，對死的恐懼正是對生的渴望。當然，反過來說，害怕活下去就會渴望死亡。因此，我們可以這麼認為：執著來自於恐懼，而恐懼來自於欲望。

有一個人出門辦事，一路上跋山涉水，好不辛苦。有一次他在經過一處險峻的懸崖時，一不小心，失足掉了下去。此人眼看生命危在旦夕，於是雙手在空中不停地攀抓，這個時候剛好抓住崖壁上枯樹的老枝，總算保住了生命，但是人卻懸宕在半空中，上不得，下不得。正在這個人進退維谷，不知如何是好的時候，他忽然看到佛陀站立在懸崖上，慈祥地看著自己。此人如見救星般，趕快求佛陀說：「佛陀！求求您發發慈悲，救救我吧。」

「我救你可以，但是你要聽我的話，我才有辦法救你上來。」佛陀慈祥地說。

「佛陀！到了這種地步，我怎敢不聽您的話呢？隨您說什麼？我全都聽您的。」那個人急切地說。

「好吧！那麼請你把攀住樹枝的手放下！」佛陀對著這個在死亡邊緣掙扎的人說道。

此人一聽，心想，把手一放，自己勢必掉到萬丈懸崖，跌得粉身碎骨，哪裡還保得住生命？這樣是不可能救得了自己的。於是更加抓緊樹枝不放，佛陀看到此人執迷不悟，只好無奈地離去了。

其實懸崖底下有個水潭，那人只要一放手就能保住性命，但是他的蒙昧無知讓自己處於痛苦的狀態，不能得到解脫。

欲望源自於缺乏理解或沒有看到事實的真相，我們的內心會出現渴望是因為我們欠缺理解。而蒙昧無知就會產生執著，這樣的執著給我們製造出了許多的界限，讓我們無法得到我們真正想要的東西。因此我們也會失去合一的境界。

當我們想要某個東西時，我們就開始對它產生執著，任何一個可以被客體化的事物都可能變成我們執著的對象，因此我們會不斷積累不同的對象——衣物、對外表的在乎、男友或女友、丈夫或妻子、孩子、父母、藝術品、創作、感覺、經驗、本體、人格等。其實，在這個積累的過程中，我們不過是想要一種和諧感，這種美好的感覺是一種沒有限制的解放狀態。所有的執著都是對這種狀態的依戀。我們所執著的一切對象，也都是對這種狀態的情感轉移。

因為執著本來是一種被誤導的、想要達到合一的欲望。所以。只有當我們具有了理解力、智慧，並能認清事情的真相時，我們才能擺脫執著，達到那種和諧的解放狀態。

開放自己，讓事情自然發生

我們必須認清想要改變事情的那份欲望，然後讓自己保持開放，停止這份渴望，只是讓事情自然發生。

——《解脫之道》

人的心能大能小，可淨可濁，由此既能產生快樂，又能產生煩惱。人生的痛苦和悲哀都來源於自己的心。在現實生活中，我們總是希望事情能有所不同，或者希望事情能朝著某個特定的方向發展，還總是渴望改變自己來得到成長。我們太過執著地抓著各種理想和期望，自然會迷失在欲望的叢林中，分辨不出正確的方向。

在三伏天裡，禪院的草地已經是一片枯黃。

「快撒點草籽吧！好難看啊。」小和尚說。

「等天涼了。」師父揮揮手，「隨時！」

中秋的時候，師父買了一包草籽，叫小和尚播種。秋風起，草籽邊撒邊飄。

「不好了！好多種子都被風吹飛了。」小和尚喊道。

「沒關係，吹走的多半是空的，即使撒下去也發不了芽，隨性！」師父說。

種子撒完，就飛來幾隻小鳥啄食草籽。

「不好了！種子都被鳥兒吃了！」小和尚急得直跺腳。

「沒關係！種子多，吃不完，隨遇！」師父說。

半夜突然下起一陣驟雨，小和尚一大早就衝進禪房：「師父！這下全完了！好多草籽被雨水沖走了！」

「沖到哪裡，就在哪裡發芽，隨緣！」師父說。

轉眼一個星期過去，原來光禿禿的地面，居然長出了許多嫩綠的草苗，一些原來沒播種草籽的角落，也泛出了綠意。

小和尚高興得拍起手來。師父點點頭，說：「隨喜！」

為什麼人的心總是有那麼多痛苦、掙扎呢？聖嚴法師認為，人總是不自量力地追求和抗拒、不知滿足地伸展和征服，繼而產生了傲慢、怨尤以及疑懼等情緒。當人的心受到太多外物負累而不能開放時，自然步履維艱。要知道，很多事情都是人力所不能改變的，就像是人不能與自然規律相抗衡，為了讓自己成長為一個截然不同的人，我們唯一能做的事就是開放自己，容許事情自然發生，就像故事中的那位師父一樣，隨時、隨性、隨遇、隨緣、隨喜，停止渴望，讓草籽隨季節、風雨、鳥獸之遇，自然生長。

嶄新的事物一定是來自於我們不熟悉的地方，它不可能透過我們原有的認知發生或改變，正因為此，我們永遠不會知道事情會怎樣發生，最終又會變成什麼樣子，如果我們永遠按照從前的認知來期待事情能改變或轉化，那麼我們就等於在把更想要的東西隱藏起來，而沒有得到成長。為了帶來改變和轉化，我們必須開放我們的心，必須停止我們想要改變事情的渴望，讓自己放下曾經的執著，用一種寬容的態度去容許事情自然地發生、改變和轉化，而不去設想未來。當我們真的改變了，我們就會發現，一直以來渴望的那種快樂已經不再重要，我們的內心已得到比生命更豐沛的回報。

單純地覺察而不停頓，進入真正的終極解脫

單純地覺察而不停頓下來，能給我們帶來一份終極解脫的了知。只有這種客觀的、單純的覺察和理解能帶領我們達到真正的終極解脫。

我們進行擺脫執著的內在工作到尾聲的時候，之前存在於我們內在的一切身分感都會融入一種浩瀚無邊的空無中。這種空無會消解掉我們所有的身分感——不論是大的還是小的，真實的還是不真實的，它會讓你再也沒有任何身分可以認同，只留下一份巨大的空無和徹底的空寂。這份空無和空寂就是解脫必要的條件，它能幫助我們消解掉執著。因為它本身就是解脫，除此之外任何解脫都不算數。而你想要的一切東西也會伴隨著這最終的解脫而來。

——《解脫之道》

只有當我們內在的宇宙意識、真實的身分、自我的本質全都消解之後，本體的所有面向才會出現在我們面前，但是沒有一個人在那裡經驗它，它只是單純地存在著，就好像是在天堂裡一般，充滿著宇宙性的神秘。在這裡，要提醒大家的是，不要對這個狀態造作什麼，即使給這個狀態起個名字也是一種執著的行為。

簡而言之，內在工作的過程就是探索你自己身分的過程，也就是要你去探索每一個層次的身分以及你對它們的執著。基於這個原因，傳統靈修的方法裡最有力也是最常用的工具就是問自己：「我是誰？」並且要在整個過程中持續不斷地問下去。當「我是誰」被提出來之後，還要仔細地探究一番，然後繼續再問「我是誰」，直到那個會問出這個問題的自我消失為止。

上面的敘述也許會讓你疑惑：這種不斷詢問自己的行為是不是在刻意地造作或驅策什麼。其實，這其中不需要你有任何的造作活動，只需要你去瞭解心中的真相是什麼就好。如果你能夠即時地覺察到當下的真相，不論那個真相是什麼，而同時你又沒有對那個真相產生任何渴望或不渴望的反應，那麼空寂和解脫就會出現在你身上。

因此，從一開始你就要抱持這樣的態度：只是單純地覺察而不停頓下來。這種態度能給你帶來一份對終極解脫的了知。其實，有很多種不同的方法可以幫助我們進入某一種境界，但是只有一種方法能幫助我們達到真正的終極解脫，這種方法就是單純地、客觀地理解、了知和覺察。除此之外的任何一種方法都可能會涉及刻意造作或帶有某種企圖，也暗示著其他方法之中還有一個不停在造作、驅策的存在或身分感。所以說，自我雖然有時候能夠說明你達到一些目的，完成一些理想，甚至能引領你進入到某種狀態，但是一旦到了某個階段，它必然會消失不見。千萬不要被自我蒙昧了心神，要記住，只有那種客觀的理解和覺察才能帶領我們進入真正的終極解脫。

第九章　愛是一切的答案

愛就是我們的本質，是一種謙卑、接納、慈祥、光明、柔軟的狀態。當心中的愛一旦生起，疆界感就不見了。因為甜美而柔軟的愛能夠融解掉所有的疆界，它滲入於一切的存在之中，能夠讓萬物安歇在它的臂膀上，並將它們融成一體，不再有任何區分。

愛是從靈魂綻放出來的一種東西

愛是從我們內在綻放出來的一種東西。愛的本身就是一種存在。當你經驗到愛的時候，愛就是你這個人的存在。

——《解脫之道》

你知道什麼是愛嗎？情人口中的「我愛你」，被世人稱頌千年的母愛，朋友、親人之間的愛，也許你認為這些就是愛。是的，這些都是愛，但都不是阿瑪斯要告訴大家的「真正的愛」，它們只是愛的幾個不同的品質和面向而已。

阿瑪斯認為：「愛是從我們內在綻放出來的一種東西。」正如他所言，愛是一種存在，而不是對一個特定的人的一種感覺，也不是一種思想、情緒、概念、行動或幻想。雖然愛與這些反應緊密相關，但愛要比它們更真實、更深奧，也更根本。

愛本身有好幾個不同的面向，初次品嘗愛的滋味時，我們能夠感覺到它是一種柔軟、輕盈的東西，有一種甜美的味道，就像棉花糖融化在我們嘴裡一樣。這是一種對愛的最單純和最直接的感覺。我們體會到愛的這個層次還遠遠不夠，過去的概念和經驗還在制約、影響著愛，我們不免會產生一些渴望、需求和偏好，所以我們還要繼續進行愛的體認。直到我們感受到另一種愛，我們稱之為融合之愛，在這種愛裡，人我之間的界限會全部消失，我們會體驗到那種跟環境之間合一的感覺。當我們迎來這種融合之愛，我們的界限好像突然被融化了一樣，周圍不再有任何的屏障、阻礙，我們的感覺也會變得細膩，完全感受不到任何界限感。當我們想要和另一個人親近時，內心就會生起這種融合之愛。我們夢想著兩個人可以合為一體，永不分離，並對這份愛產生一種渴望和期待。

如果我們還沒有經驗自己的本體，我們就不可能知道什麼是融合之愛，反而會把它和別的東西混在一起。當我們對別人說自己很有愛心的時候，其實恰好相反；當我們感覺自己的內心充滿愛的時候，內心也是充滿矛盾的。因為阿瑪斯告訴我們：我們都無法擁有真正的融合之愛，因為我們自身就是愛。我們自身是非常單純而完美的存在，不被任何物質所沾染，它永遠活在當下，是珍貴的寶物。這種真正的愛不是我們所擁有的某個東西，也不是一種可以拿出來隨便送給別人的東西，它是超越自我，也超越我們的身體、感覺、思維的。雖然愛會藉由身體、思想、表情和行動而展現出來，但那也只是愛的包裝而已，而不是我們所說的從靈魂綻放出來的東西。

萬事萬物都源自於愛

愛是一切的基礎，萬事萬物都源自於愛，我們本是愛的能源的個別體現。我們看到的一切都是愛的顯化，缺少愛的我們什麼也看不見了。

——《無可摧毀的純真》

每一個靈魂一旦進入肉體，它那與生俱來的愛的能力就會受到限制。因此，要解除這些限制，讓愛自然流動，就成為我們生而為人以來最為重要的課題。想想看，當我們還是嬰兒時，就學會了開始以人們是否正面地回應我們的所作所為來評斷自己的價值，慢慢的，我們又學會了向外去建立屬於自己的價值，並逐漸將這種錯誤的做法根深蒂固地種在了我們的生命裡。我們不僅僅學會了一種建立價值的錯誤做法，在人間所充斥的那些發自於內疚、憂傷和恐懼的愛中，我們又不知不覺地瞭解愛是有條件的。我們的父母和日後我們的子女都有這種類似的經驗，都有待於去發現並治癒，而至關重要的是，我們都要學習如何將有條件的愛轉換成無條件的愛。

在我們一生所經歷的種種際遇裡，有不同的人來來去去。有些人很善良，有些人則不太友善，給我們帶來很多傷害。但無論受到怎樣的傷害，我們都應該先肯定愛的存在，並自動自發地向內去尋找愛的源頭，體會那種具足的愛。向我們的身外去尋求愛是註定會失敗的，因為我們想要擁有的那種無條件的、真正的愛必須透過自己的內心覺知、探索得來，而不能向別人或外在的環境索求而來。要知道，那些外在的條件、設定都是變化無常的，它們會隨著我們每一刻的遭遇而生滅、起伏，不能帶給我們充滿心房的愛。當我們真的體會到那種具足、圓滿的愛時，我們就會清楚地看到那些缺乏愛和友善的言行背後只不過是一個受傷的人在哭泣。

還有一點最為重要，真正的愛永遠不會改變或消失，它的存在絲毫不會受到那些關於愛的外在形式所影響或限制。正像阿瑪斯所說的那樣：「萬事萬物都源自於愛，缺少愛，我們什麼也看不見了。」這是一種對真正的愛所擁有的信賴和膜拜。而我們現在所看到的一切都是愛的顯現，世間萬物都是愛之能源的個別體現，都是被愛創造出來的。而在我們內心的最深處還埋藏著一個永恆不變、無所不在又無形無相的愛的源頭，所以，我們自身的存在就是和愛聯結在一起的，它一直在那裡，將我們緊緊包圍，我們不可能失去它，只是一直沒有察覺到它。我們說的這種真正的愛是經得起千錘百鍊的，它遠遠超過你之前認識的一切事物。一旦真正的愛深深地植入我們的內心，與我們的生命連在一起，我們就再也用不著到身外去尋找快樂和滿足，因為愛會用最大的快樂和滿足將我們的心房充盈。

想認識愛，必須先認識自己的存在

若想認識愛，我們首先必須認識自己的存在，認識那超越感覺和概念的我們，而不是我們的標籤、我們的姓名、我們多年來所累積的自我形象。

——《解脫之道》

德國精神分析學家弗洛姆在《愛的藝術》一書中說：「如果把他人當作人來愛是美德，而不是罪惡的話，那麼愛自己也應該是美德。」弗洛姆還針對《聖經》中那句「愛他人如同愛己」發表了評論：「愛人如愛己」體現了一種對個人的完整性和獨特性的尊重。愛自己，理解自己，這是對生命的敬重，也是一種對博愛的肯定，也就是在告訴我們「不愛自己何以愛眾生」，所以，想要認識真正的愛，先要認識自己、愛自己。

在紐約北郊住著一個名叫埃米麗的女孩，她夢想和一位白馬王子結婚，白頭偕老。但她認定自己的理想永遠實現不了，就整日自怨自艾。

後來，埃米麗找到一位心理學家，心理學家跟她談過話後說：「埃米麗，我會有辦法的，但你得按我說的去做。」他讓埃米麗去買一套新衣服，再去修整一下頭髮，把自己打扮得漂漂亮亮的，然後星期二來他家參加一個晚會。但埃米麗還是悶悶不樂：「就是參加晚會我也不會快樂。誰需要我？我又能做什麼呢？」心理學家告訴她：「你要做的事很簡單，就是幫助我照料客人，代表我歡迎他們，向他們致以最真誠的問候。」

星期二這天，埃米麗漂亮得體地來到晚會上。她按照心理學家的吩咐盡職盡責，一會兒和客人打招呼，一會兒幫客人端飲料，始終在幫助別人，完全忘記了自己。她眼神活潑，笑容可掬，成了晚會上令人矚目的焦點，晚會結束時，同時有三位男士自告奮勇要送她回家。

在隨後的日子裡，這三位男士熱烈地追求埃米麗，埃米麗終於選中了其中的一位，讓他給自己戴上了訂婚戒指。

故事中埃米麗前後發生的巨大變化，正應了德國心理學家弗洛姆的一句話，對別人的態度和對我們自己的態度完全是互不矛盾的，即原則上愛自己和愛別人是不可分的。真正的愛是內在創造力的表現，包括關懷、尊重、責任心和瞭解諸因素。從這一點出發來解答我們的問題，就意味著愛別人和愛我們自己不是兩者中選擇其一，而是在告訴我們：所有有能力去愛別人的人必定也愛自己。因為愛不是一種消極的衝動情緒，而是一種積極追求所愛之人的表現，這種追求的基礎是人的愛的能力。

我們要想認識愛，就要先充分地認識自己，我們並不是身分、概念或標籤，也不是多年累積的自我形象。要記住，「我」的存在超越這一切。當我們足夠愛自己，努力讓自己變得美好，並像愛自己一樣愛整個世界，到那時，我們所擁有的，就不僅僅是那個我們以為的孤單世界，而是整個世界了。

對愛設定的條件限制了我們的愛

我們覺得愛是獨特的，是有特定時間和特定對象的，不像空氣一樣隨時都存在。這意味著我們能感受到愛的時間很少，因為條件限制了我們愛的範圍。

——《解脫之道》

在大多數人眼裡，愛是特別的，是珍貴的，只能給那個特定的人。我們說「我愛你」時，總是對著一個特定的人。我們不會愛大馬路上的每一個人，我們的愛是在某種關係中，在某個特定的時間裡，對特定的對象產生的。當我們對愛設定的條件得到滿足，我們才會感受到愛，否則，愛就消失了。

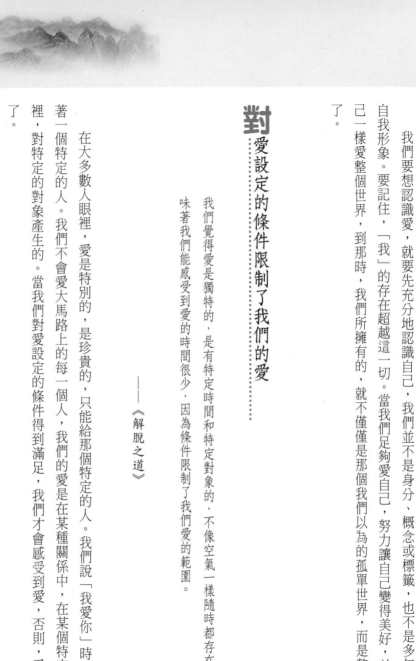

一個從戰場上歸來的士兵從舊金山打電話給父母，告訴他們：「爸媽，我回來了。可是我有個不情之請，我想帶一個朋友和我一起回家。」「當然好啊！」他們回答，「我們會很高興見到他的。」

「可是有件事我想先告訴你們，他在戰爭中受了重傷，少了一條臂膀和一條腿，他現在走投無路，我想請他回來和我們一起生活。」兒子繼續說。

「兒子，我很遺憾，不過或許我們可以幫他找個安身之處。」父親說，「像他這樣殘障的人會給我們造成很大的負擔，我們還有自己的生活要過，不能被他這樣破壞了。我建議你先回家，然後忘了他，他會找到屬於自己的一片天空的。」就在此時，兒子突然掛上了電話。

幾天後，這對父母接到了來自舊金山警局的電話，說他們的兒子已經墜樓身亡，警方還說這只是一起單純的自殺案件。於是他們傷心欲絕地飛往舊金山，並在警方帶領下到停屍間去辨認兒子的遺體。

那的確是他們的兒子，但令人驚訝的是，他居然只有一條臂膀和一條腿。

不知道當這對父母看到這番景象時，會是怎樣的傷心欲絕，正是他們在那狹隘的愛之下所做出的冷漠回應讓他們的兒子捨棄了自己的生命。

在現實生活中，很多人的愛都是自私的、狹隘的、有條件的，他們只會愛自己的親人、朋友、愛人和那些滿足了他們條件的人或事物。許多人掛在嘴邊的「我愛你」像是一種出賣愛的廣告，它表達的只是一種需求，希望收穫回報的需求，裡面沒有一絲愛的成分。他們或許從沒有想過，這種有條件的愛是有缺憾的，它不但會傷害別人，有時還會傷害自己。

真正的愛是寬大而包容的，就像空氣一樣無處不在。在真正的愛裡，沒有男女老少等對象的設定，也不必考慮時間、地點、是非對錯。輕盈、甜美的真愛會讓我們產生一種融合感，也會消弭所有的疆界，讓我們和他人之間不再有任何屏障。只有這樣的愛，才能帶給我們滿足和深層的放鬆。一旦我們為愛設置了條件，所經驗到的只能是停留在那些條件上的感覺，而不是愛的本身，所得到的只能是愛的外殼，而不是內涵。

關心如何去愛，而不是如何得到愛

我們對愛有著各式各樣的成見、假設和想法，通常關心的是如何得到愛而不是如何去愛。其實我們並不清楚什麼是愛，只是經驗到一種需求罷了。

——《解脫之道》

生活中，如果我們對某個人表達自己的愛意，常常會希望這個人也回報我們以同樣的愛。如果不能，我們就會感到痛苦、傷心、失落，內心還會出現坑洞。我們關心的不僅是自己愛不愛別人，還關心別人是否愛我們。我們被告知愛的力量是相對的，要想獲得別人的愛，就要先真誠地愛人。但是當我們付出了愛，就會一直擔憂是否能得到回報，或者是否能得到相等的回報。而且，許多人還只關心如何得到別人的愛而不是如何去愛別人。

在我們看來，愛發生在自己和他人的關係之中，像一個可以拋來拋去的東西一樣，你給我愛，我也給你愛。人們不清楚什麼是愛，當他們說「我愛你」的時候，只是在表達一種需求。有的人在愛中受到傷害，就開始懷疑愛的存在，其實他從來沒有感受過真正的愛，只是把愛當成一種向內的需求而已。

湯姆的爸爸是一家餐廳的老闆，他從小就向爸爸學習經營餐廳的技巧，漸漸的，他覺得自己似乎也成了一位生意人。

在一個星期天的晚上，他突發奇想，開了一張帳單給爸爸、媽媽：

湯姆幫媽媽到超級市場買食品，媽媽應付5美元；

湯姆自己起床疊被，媽媽應付2美元；

湯姆擦地板，媽媽應付3美元；

湯姆是一個聽話的好孩子，爸爸、媽媽應各付10美元。

合計：30美元。

湯姆寫完後，把紙條壓在餐桌上，便上床睡覺去了。忙得滿頭大汗的媽媽看到這張紙條後，笑了笑，隨手在上面添了幾行字，便將其放到湯姆的枕邊。

醒來的湯姆，看到了這樣的一張帳單：

媽媽含辛茹苦地懷了湯姆10個月，湯姆應付0美元；

爸爸、媽媽教湯姆走路、說話，湯姆應付0美元；

媽媽每天為湯姆做好吃的食物，湯姆應付0美元；

爸爸、媽媽每個週末陪湯姆去兒童樂園，湯姆應付0美元；

爸爸、媽媽每天為湯姆祈禱，希望他成為一個天使般可愛的小男孩，湯姆應付0美元。

合計：0美元。

像故事中的湯姆一樣，我們中的大多數人都清清楚楚地計算著愛付出以後應該得到的回報，這樣做是因為我們把愛當成了一種向內的需求，我們人格中的自我讓我們在感受真正的愛時產生了扭曲和阻礙，以至於讓我們喪失了愛，只想著如何去滿足自己的需求。當我們把愛當作一種感覺或情感時，這就是我們的自我在感受愛。我們的自我並不懂得愛，還會讓愛變成一種謊言，阻塞愛的能量流動。

千百年來，人們對愛已經形成了各種各樣的成見、假設和想法，所以我們感受到的所謂「愛」並不一定是愛，從我們口中說出的「愛」很多時候都不是在表達愛，而是另一種東西。要知道，真正的愛是不言而喻的，是不需要四處去散播的。我們只有開放自己，撇開之前設立的種種關於愛的條件，放心大膽地去愛人，這樣，當真正的愛出現時，我們才會感到放鬆，而那個扭曲愛、阻塞愛的自我就會被愛融化，直至消失不見。

愛，就是每分每秒都在享受人生

真正的愛人是為存在而歡慶的人，終其一生都在跟世界及萬物談戀愛。愛人永遠都在愛之中，卻沒有一個特定對象。愛人是一個每分每秒都在享受人生的人。

——《解脫之道》

我們總是在擔驚受怕，害怕上天、害怕神明、害怕與我們相對的彼此；我們自卑地認為自己不值得被愛，也沒有能力去愛別人；我們總是悶悶不樂、鬱鬱寡歡；我們以為醉生夢死、夜夜笙歌就是快樂，就是享受……這些心態或信念是出現在人類生命中的負面因素，是迫切需要修正的地方。愛就是消除這些負面因素的唯一方法，我們一試便可知真假。但是，大多數人都很熟悉恐懼、自卑、悲傷、快樂這些情緒和感覺，卻很少有人能真正瞭解愛、懂得愛。如果我們能夠試著去瞭解真正的愛，然後去愛那些讓我們擔心和害怕的人或境遇，心中的那些負面因素就會無法立足，消失無蹤。

如果有人問：「我現在一直感到恐懼和不安，是否意味著我根本不可能體驗到愛呢？」當然不是，愛既不會挑選被愛的對象，也不會決定何時何地去愛。它能延伸到每一個生命、每一個角落，且毫無條件，毫無保留。

如果你是一個真正懂得愛的人、一個能無條件去愛別人的人，那麼你一定是友善的、快樂的，還能跟別人分享你的一切，就和真正的愛一樣毫無保留、毫無防備。如果你見過一個懂得愛的人，就會發現他好像隨時隨地都在和世界萬物談戀愛，永遠處於愛之中，卻又不會將他的愛局限於某個特定的對象。這樣的人就像我們平時所說的，是個有大愛的人。

一個有大愛的人會用他心中那雙敏銳的眼睛來觀察眼前的事物。他和外人之間沒有任何的界限或阻隔，當他與外人相處、交往時，他所感受到的是一種沒有任何保留和懷疑的境界。當一個人真正懂得了愛，擁有了大愛，他便不再企圖達到什麼或擁有什麼，也不會再對萬事萬物做出什麼反應，只會為了世間萬物的存在而歡慶，並在他生命的每一分每一秒之中享受最真實的人生。

像這樣懂得愛的人，他所展現出來的都是最真實的情感。下雨時，他會被飄飛的雨絲迷住；晴空萬里時，他又會為白雲的美妙形狀而興奮、驚喜。在外人看來，這個人也許瘋了，但是，只有他自己知道，他只不過是被愛迷醉了。雖然他處於一種對愛迷醉的狀態，但他並沒有喪失神智和覺察力，依然能夠很清醒地察覺到當下發生的每一件事，並樂在其中。

愛將引領我們進入徹底易感的狀態

從實相所示現出來的原初之愛是一種沒有防衛、障礙和邊界的情感，是一種徹底易感的狀態。我們只有把心開放到這種程度，才不會受到任何傷害。

——《自我的真相》

物質、壓力、生活給我們塑造了一層堅硬、冷漠的外殼，外殼可以幫助我們降低受傷害的機率，可以防衛自己不被侵犯。但久而久之，我們感覺到穿著戒備的外殼生活讓我們的心靈承受了更多附加的重量。這使得我們心靈的敏感度不斷降低，對萬物萬事失去了曾經那些最直接、最單純的感受。已經鈍化的心靈逐漸麻木了我們對生命、對愛的感受力。我們感覺到快樂總是稍縱即逝，難以持久，有時必須要借助外在的刺激才能讓自己的神經興奮起來；每當感受到自己仍活著的現實，卻又忍不住懷疑生命存在的意義。

如果有人告訴我們，現在所受的痛苦和傷害都是因為我們不再擁有脆弱易感的狀態，活在重重防衛和障礙裡，我們可能還會嘲弄地說：「脆弱易感是多麼幼稚好笑的說辭啊！我們只有足夠堅強，擁有足夠的理性，才能應付來自於自然和社會的競爭壓力，得到良好的物質生活，我們的情感也會自如而不痛苦。」就像我們說的這樣，為了生存，我們自己拋棄了曾經那種脆弱易感的品質，也就漸漸與愛失之交臂。

脆弱易感本就是愛的一種品質。如果我們脆弱易感，就表示我們有感覺，能夠完全地開放自己去感受愛。脆弱易感指的是不選擇、不回憶也不刻意做什麼，只是被動地覺知一切。當然，脆弱易感並不是靠努力就可以達成的，因為努力就等於在抗拒、排斥。

我們感受到愛的時候，就是最脆弱易感的時候。當我們的內心充滿愛，就會感覺自己正臣服於萬物之下，任萬物擺佈。在這種真正的愛中，我們內在所有的窗戶都打開了，沒有任何想要保護自己的企圖，沒有任何保留，也就沒有自己和他人之分。

我們所要經驗的愛是一種最高、最深、最強烈也最擴張的感覺，是從至高無上的實相所示現出來的，也就是我們所說的原初之愛。一旦有了這種愛，我們的心就打開了，沒有任何防衛性，沒有任何的屏障或疆界，生命所有的面向和層次都同時運作起來，我們會把屬於自己的一切都貢獻出來，與別人分享。在一個容納了客觀性、開放度、祥和、空寂的空間裡，愛又會從中滋生出來。當我們把心開放到這種程度，並讓自己徹底地活在這種易感的狀態裡，我們就不可能沒有愛，也不可能受到任何傷害。

愛讓萬物安歇，並能消融所有的疆界

愛能滲入一切的存在之中，並讓萬物安歇在它的臂膀裡，將萬物都融成一體，不再有任何疆界。

——《自我的真相》

生活在都市的鋼鐵叢林中，人與人之間的交流漸少，感情漸薄，每個人都會在自己的心靈深處築起一道牆，用以抵制他人的入侵，保護自己脆弱的心靈。

貝麗太太是一位有錢的貴婦人，她在亞特蘭大城外修了一座花園。花園又大又美，吸引了許多遊客到花園裡遊玩。貝麗太太站在窗前，看著這群快樂得忘乎所以的人們在她的花園裡唱歌、跳舞、歡笑，越看越生氣，就叫僕人在園門外掛了一塊牌子，寫著：私人花園，未經允許，請勿入內。可是這一點也不管用，很多人還是照樣走進花園遊玩。貝麗太太讓僕人去阻攔，結果發生了爭執，有人還拆走了花園的籬笆牆。後來貝麗太太想出了一個絕妙的主意，她讓僕人換了一塊新牌子，上面寫著：歡迎大家來此遊玩，本園主人特別提醒，草叢中有一種毒蛇。如哪位不慎被蛇咬傷，請在半小時內就醫，否則性命難保。

這真是一個絕妙的主意，遊客們從此對這座美麗的花園望而卻步了。可是幾年後，有人經過貝麗太太的花園時卻發現，因為園子太大，走動的人太少而雜草叢生，毒蛇橫行，幾乎荒蕪了。孤獨、寂寞的貝麗太太守著她的大花園，懷念起當初那些曾經來她的花園玩得不亦樂乎的遊客們了。

故事中的貝麗太太不是在為自己建造花園，而是為自己建了一座冰冷的監獄，就像現實生活中那些冷漠麻木的人一樣，在心裡築起一道籬笆牆，將自己圈起來，不能解脫。要想消融掉這座監獄，只有依靠慈悲和愛。愛就是我們的本質，每一個人的意識本身就是愛。一旦我們心中的愛生起，疆界感就會消失不見。只有當你把某個人當成他的身體時，才會去排斥他；一旦你發現那個人和你一樣都是愛的本身，你心裡還會有排斥的感覺嗎？排斥一個人就等於在排斥自己，同理，愛一個人就等於在愛自己。而你的意識能讓你覺知到自己這個個體受到的肉體的限制，還有你內在充斥著的恐懼、痛苦及欲望的世界和裡面複雜的歷史。這種能覺知一切的意識便是愛。

一旦你了悟了自己最真實的本質，進入那種無疆無界的狀態，自然會生起真正的自我。這份真正的自我沒有任何界限，它的基礎就是愛。這種無礙無邊的狀態只有在我們完全放下自己的那一刻才會出現。如果企圖去看到它，你就無法看見它；企圖將它消解掉，你也一樣無法成功。任何排拒它或者想要消解掉它，甚至想洞察到它的企圖和行動都無法使它消失，你只能讓自己全然地存在於那種狀態裡，因為存在的本身是沒有疆界的，而你的自我是一種疆界，只有當你變成愛，成為愛的意識的時候，才不會再有任何疆界。

甜美而柔軟的愛滲入一切的存在之中，能夠融解掉所有的疆界。它還能夠讓萬物安歇在它的臂膀裡，將萬物都融成一體，共同放入一種謙卑、接納、慈祥、光明以及柔軟的狀態裡。

享 受宇宙之愛帶來的無我境界

處在宇宙之愛的經驗裡，沒有一個東西是需要被保護的，也沒有一個東西可以被累積，那份愛就像大海一般，我們就是其中的一個小水滴。

——《解脫之道》

阿瑪斯在解釋「宇宙之愛」時這樣說：「愛的所有面向都可以跟人格共存，人格的身分可以被保留下來，除了愛的另一個面向出現時。」這個面向的愛就是宇宙之愛或神聖之愛。阿瑪斯將這種愛命名為「宇宙之愛」，就說明這種愛不屬於某個人，它不含自我。也就是說，當我們感受到宇宙之愛時，那裡面就沒有「我」的存在，它能夠完全消融掉我們的身分感或自我中心的傾向。這種愛才是真正的愛，通常我們認定的那幾種愛只能算是一種成就，可以被人格據為己有。

曾經有一位少年去拜訪一位智者。他問智者：「我如何才能成為一個內心充實快樂，同時也能給別人帶來快樂的人呢？」

智者看著他說：「孩子，在你這個年齡有這樣的願望已經很難得了，我送你四句話。第一句是『把自己當成別人』。你能說說這句話的含義嗎？」

少年回答說：「是不是說，在我感到痛苦憂傷的時候，就把自己當成別人，這樣痛苦就自然減輕了；當我欣喜若狂之際，把自己當成別人，那些狂喜也會變得平和一些？」

智者微微點頭，接著說：「第二句話，『把別人當成自己』。」

少年沉思一會兒，說：「這樣是不是就可以真正同情別人的不幸，理解別人的需求，在別人需要的時候給予恰當的幫助？」

智者微笑著繼續說：「第三句話，『把別人當成別人』。」

少年說：「這句話的意思是不是說，要充分地尊重每個人的獨立性，在任何情況下都不可侵犯他人的核心領地？」

智者哈哈大笑，說：「很好，很好，孺子可教也！第四句話是『把自己當成自己』。這句話理解起來太難了，留著你以後慢慢品味吧。」

少年沉默了很久，然後叩首告別。

後來少年離開了這個世界。很久以後，人們還時時提到他的名字，都說他是一位智者，因為他是一個快樂的人，每一個見過他的人都會感到他的無私和寬容。這個少年最後所擁有的愛便是宇宙之愛。

寬廣博大的宇宙之愛是超越一切形象的，它無所不容、無所不受、無所不愛，不會受制於任何形式，也不曾揀選時機、對象，源源不斷地充滿世間萬物。而經驗到宇宙之愛的人，或者說在宇宙之愛中的人不會干預自己或他人的自由，也不會吝於給予，能將這份愛延伸到周遭的每個生命。但是並不是每個人都會經驗到這種宇宙之愛，阻礙我們經驗它的不是別的，正是我們自己，我們自我的存在。這是常人最難克服的障礙，雖然我們都渴望經驗到這種愛，但是很難讓自己全然放棄一切去認識這種開闊的愛。在這份最開闊的愛裡，唯獨容不下我們舊有的概念、成就、理想、信念、自我形象和所有的渴求及欲望。

當我們放下了一切障礙，終於經驗到宇宙之愛時，我們就會發現那裡面沒有一個「你」，也沒有一個「我」，只有更多的信賴和更少的恐懼。

第十章 單純地活在當下

我們忙著進行各種活動，忙著評斷自己及其他的事物，還常常會迷失在各種念頭、計畫、情緒和反應中，這都是因為我們的心沒能夠安住於當下。其實，其他任何事都不是真實存在的，我們所擁有的只有此刻，也就是眼前這個當下。只有當下這一刻是真正與你相關的，只有當下這一刻才是真實的。

讓自己只是單純地活在這一刻

未來不是我們的人生，只有當下這一刻是真正與我們相關的，只有當下這一刻才是真實的。讓自己放鬆下來，安住於眼前的事物，單純地存在於當下這一刻。

——《自我的真相》

我們總是背負著過去，憂慮著未來，卻對眼前的一切視若無睹，理所當然地認為我們的所作所為就是一切。我們總是想得到某些東西或想去某個地方，在我們眼裡，能得到的和不能得到的都非常重要。當我們在現實生活中跌跌撞撞、起起伏伏的時候才開始思考要如何擺脫那些遠大的志願和深切的渴望。其實，只要放鬆下來，安住於眼前的事物，單純地活在當下就好。

什麼是活在當下？「活在當下」這個說法來自於禪道思想。有人曾問一位禪師：什麼是活在當下？禪師回答：吃飯就是吃飯，睡覺就是睡覺，這就叫活在當下。沒有過去拖著我們的腳步，亦沒有未來拉扯我們的目光，只是完全放鬆、安心地活在眼前這一刻。

有一天，一位老禪師帶著兩個徒弟，提著燈籠在黑夜裡行走。一陣風吹來，燈籠滅了。「師父，怎麼辦？」一個徒弟焦急地問。

「看腳下！」師父答。

說完，三人繼續往前走，這時周圍的一切都變成完全的黑暗，後面的來路和前面的去路都看不見，但師徒三人看著腳下，依然穿過了黑夜。

這故事中黑暗的來路和去路就如同我們的前世與來生，都看不見、摸不著。我們要做的是什麼？當然是：「看腳下！看今生！活在當下！」

許多人都相信來生與前世，因為那讓我們能對今生的不幸用前世做藉口，說那是前世欠下的，也能對今生的不滿用來生做憧憬，說可以等待來生去實現。當你活在當下，你全部的能量都集中在

這一時刻，生命才會具有一種強烈的張力。

要知道，沒有我們之前，地球已然存在；有了我們之後，地球依然存在。茫茫塵世間，人不過就是一粒浮塵，來自偶然，也不知去向何處。過去只是一個記憶的軌跡，未來不是我們的人生，因為它永遠不會降臨。所以，我們能擁有的全部只有當下這一刻所發生的一切。

正因為只有當下這一刻真實存在於我們的眼前，所以，如果我們無法存在於當下，就只可能存在於現實的邊緣。那樣，我們就不能活在自己的身體裡，就不會得到真正的滿足，也等於失去了人生的所有意義。現在就開始，停止追尋，停止夢想、計畫或期望達成某件事，也不要再企求什麼、操控什麼或試圖改變某種境地，只是讓自己單純地活在當下這一刻。

你所追尋的一切其實就近在眼前

因為忘了自己的本質和本源，我們脫離了自己的存在，總是捨近求遠，不斷地注意著自己想要或不想要的東西，卻不知我們所追尋的一切就近在眼前。

——《自我的真相》

有一位心靈導師曾告訴我們：「人類是顛倒夢想的，而且已經步入了歧途。」他指的是我們已經脫離了自己的存在。因為我們忘了自己的本源和本質，所以才會滯留在存在的邊緣，而無法活在我們的核心。這真是一件悲哀的事情，但這並不是說我們就真的迷失了方向，其實我們一直都活在當下，只是我們一直在不斷地向別處去尋找它。

有一點我們必須認識到，你的存在就是那個能夠感覺、能夠看見的東西，我們所有經驗的內涵都只是存在的向外顯示罷了。你也不是那些念念相續、絲絲相連的思想、信念，而是一種更根本、更實在的東西。由此可見，我們所追尋的一切就近在眼前，可是我們卻捨近求遠，不斷地關注自己想要或不想要的東西，而無法安住在當下。

我們對未來的期望就是一種無法安住於當下的阻礙。期待事情會有所不同，能讓你繼續去追求那些未來的理想，然而這一切都只是海市蜃樓，你永遠也無法真正到達那裡。這就是我們一直以來最大的扭曲，也是最大的誤解。如果你還在追求那些海市蜃樓，就是在排拒真正的自己。

當然，即使能真正安住於當下，讓自己投入眼前的真相當中，我們還是可能會有一些不愉快的情緒，但是不必擔心，這些都只是我們內心深處的障礙罷了，若是能繼續安住於當下，它們遲早會消失的。而如果逃避當下，你就可能會產生不舒服、恐懼、傷痛以及其他各種負面情緒，這些都是被你掃到無意識底端的一些情緒，它們並不是真正的你。如果能安住於當下，我們就能認識和理解這些感覺和反應，然後逐漸把它們消解掉，因為這些我們從前信以為真的情緒並不是真實的。

當這些幻覺消解掉之後，你真實的本質就會浮現出來。這時，你會經歷一場淨化的過程，將你累積得太多的關於實相的假設和信念統統清理掉。若是繼續自欺和期望，你就會停留在沉睡狀態。我們的內在工作並不是要讓我們達到某種境界，而是要讓我們的存在浮現出來，讓我們活在身體裡面。這並不意味著只要偶爾靜坐一下就夠了。我們總以為：「我打完坐就可以繼續忙我的事，完成我那些重要的計畫了。」然而到底什麼才是最重要的事？其實，你根本不需要透過完成一些重要的事來證明自己的價值，因為你本身就是最重要的東西。你也不需要大徹大悟或做出一些高尚的行為去賦予自己人生的意義，因為你本身就是最獨特、最有意義的。所以說，你的重要性是不需要證實的，你的獨特性也並不是來自於你特殊的能力或成就。

你重要是因為缺少了你的存在，生命本身就失去了意義和價值。一旦能意識到自己的存在，你就會感覺到一股無法減輕的、真實的快樂。無論你在做什麼——擦地板、上廁所，還是進行某種美妙的創作活動，都會感覺無比快樂。每一個當下都是珍貴的，每一個當下都是充實的。你並不是感覺、思維或意識的內涵，這一切都不是真正的你，真正的你就是你的存在。

當下的開放性能超越概念

當下的開放性充滿著活力和清新感，能超越由概念掌控的心智活動，單純地覺知，讓我們更貼近當下的真相。

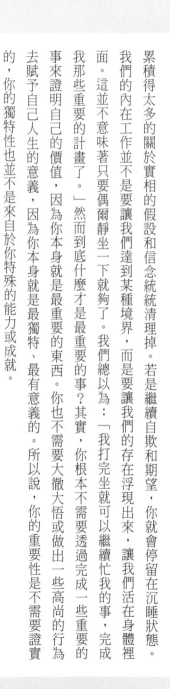

——《無可摧毀的純真》

我們深信自己是來自於過去的，而且我們所經歷的事情也都是從過去一直延續到眼前的。在我們的概念裡，出生以前我們曾經是個胎兒，出生以後我們逐漸長大成人，並擁有一大堆關於生命的歷史。我們以為世間萬物就是這樣顯現出來的，但其實這是不正確的。過去的一切已經不在這裡，在這裡的只有當下，我們看見的一切都是在當下產生的。

即使我們認同了當下的重要性，我們對當下經驗所產生的想法，也並不是基於實際發生的事，仍然會受過去老舊的觀念所局限。我們往往是透過概念去覺知當下那些嶄新的現象——感受、印象、聽到的聲音和看到的影像，又透過概念自動地產生各種情緒反應和覺受。當我們看見某個東西，眼睛看到的資訊會立即傳給大腦，然後我們的心會開始詮釋當下的經驗，將它變成不再純粹的現實。所以說我們的經驗並不是靠純粹的覺知來獲得，而是受制於概念所帶動的思想、覺受和記憶的。由此可見，我們所有的情緒都是奠基於那些早已固化的概念上面，所有的行動也都離不開概念和聯想，每一秒鐘都在發生這樣的事，我們不允許自己單純地覺知當下。我們用事先包裝好的反應和從許多人那裡繼承過來的心智活動來面對嶄新的當下，進而產生特定的、可預見的反應，而看不見其他的可能性。

概念就是形成我們所有反應、認知和知識的積木，它們制約了我們的自由，讓我們很難擁有嶄新的意識。嶄新的意識就是指「當下的開放性之中的活力」。當下的開放性中充滿活力和清新感，雖然大多數人早已經喪失了這份清新的特質，但它一直都存在著，仍然可以被我們覺知。覺知的關鍵在於我們要怎樣去超越由概念掌控的心智活動，不讓它自動產生反應。超越心智活動就是讓我們單純地覺知，不帶任何概念或認知。我們的心不受概念掌控，停止了心智上的自動化反應，就可以清楚地看見當下的真相。而且我們所看見的東西還會變成創造力的來源，並透過我們自身的一切來表達這種創造力。也就是說，離開概念去覺知時，我們的想法自然也會產生變化，會變得更活潑、更清新、更貼近當下的經驗。這時，我們再去看世界，就會發現每一個時刻都是煥然一新的，每一樣東西都是充滿創造力的，這就是我們一直渴求的真相。

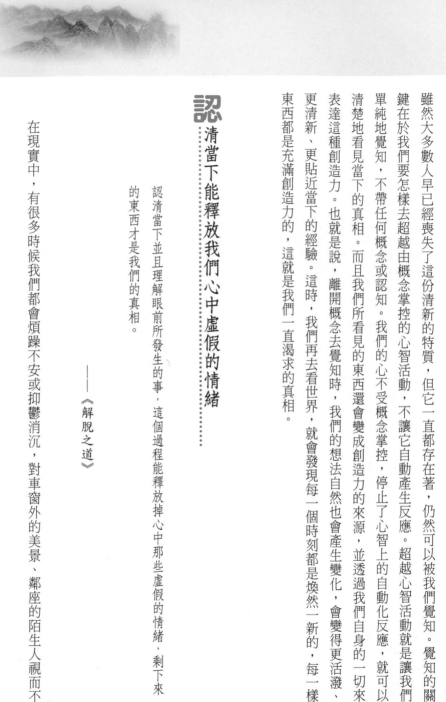

認清當下能釋放我們心中虛假的情緒

認清當下並且理解眼前所發生的事，這個過程能釋放掉心中那些虛假的情緒，剩下來的東西才是我們的真相。

——《解脫之道》

在現實中，有很多時候我們都會煩躁不安或抑鬱消沉，對車窗外的美景、鄰座的陌生人視而不見，只是等著目的地在眼前出現。在我們的心中，目的地才是最重要的，我們內心一直有一種期待：在特定的一天，特定的時刻，我們的火車就會進站……「如果我到車站，事情就妥了。」我們這樣安慰自己。

「如果我考上理想的大學……」，「如果我進了知名的外資企業……」，「如果我付清了住房的貸款……」，「如果我得到提升……」，「如果我退休……」，總之，似乎只有在實現這些如果之後，我們才能夠好好享受人生。在說這些話的時候，我們還自信滿滿，以為有朝一日這些夢想都會實現，我們的人生就會圓滿幸福。殊不知，這些情緒和嚮往使真相被掩蓋，我們內心只會不斷受到痛苦的折磨。

真相之所以會被掩蓋，是因為在我們心中存在著一些虛假的情緒，如不滿足、矛盾、痛苦、憂傷和衝突……這些虛假情緒都是我們內在最不自然的狀態，會掩蓋我們眼前的真相，阻止我們這個有機體自然運作。我們常說：「不，這種狀態我不能接受，我想要的是另外一個東西。」這就是那些虛假情緒在阻礙我們看清當下的真相。因為這些虛假情緒的存在，我們不能完整地覺察到當下的經驗，而且這些情緒帶著自己的成見來看待事情的發展，無形中給我們自身帶來更多的分裂和衝突。要想將這些虛假情緒釋放掉，我們就要心甘情願地安住於當下這一刻。

光看到眼前真正在發生的事還不夠，我們必須對眼前的情況擁有更完整、更徹底的觀察，才能夠真正理解眼前所發生的事。但也不要忘記，我們的心智總是不允許我們安住於當下，它在不斷讓我們去抗拒、去排斥，這樣就會阻斷我們的自發性和信賴，也會讓我們和真正的意志力失之交臂，讓我們無法心甘情願地與當下的經驗共處。

當我們徹底臣服於當下的真相時，就會擁有真正的意志力，但這並不是說僅僅看到真相而不必在乎它，真正的意志力是要在觀察到真相的同時升起一份洞見。當我們運作真正的意志力來認清當下的真相時，就是在自動調節我們的內在，也是對我們情緒的一種釋放。運作真正的意志力能幫助我們釋放所有的緊張感，就像嬰兒時期母親釋放我們的饑餓感和痛苦一樣。一旦那些虛假的情緒消失不見，剩下來的東西就是我們要找的真相。

心安靜了，就有機會看見當下

我們必須放慢速度、讓心安靜才能看見整個活動的過程，繼而產生自我瞭解，這樣才有機會看見當下的真相。

——《無可摧毀的純真》

作家賈平凹有部小說叫做《浮躁》，歌手許巍有首歌叫《浮躁》，都是在講現今社會人類浮躁的生活狀態。浮躁已經充斥我們的生活，人們在物欲橫流、競爭激烈的現實生活中，被動地忍受著現實帶來的巨大壓力，對現狀焦慮不安，對未來又充滿嚮往，常常是神經緊繃、脾氣暴躁，整天處在一種又忙又亂的狀態中。在這樣的狀態裡，我們只會帶著缺憾離真相越來越遠。

其實，我們生活的這個世界，包括其中的每一件事物，都是中性的，並沒有什麼對錯、好壞之分。這個世界之所以會變成一個令人痛苦的地方，完全是因為我們沒有真正存活在這個世界之中。只有我們完整地在世上活著，才會感到圓滿，才會使世界變成一個令人滿意的地方。

事情其實很簡單：世界就像我們的夢境，沒有人能決定我們做什麼夢，也沒有任何人能強迫我們做夢。我們的夢和我們的心息息相關，僅僅是代表我們自己和我們心中所想。我們的心、我們對自己的看法決定了我們能看見怎樣的人生和我們看待人生的方式，並且會將我們內在的狀態顯現於外。如果我們的內心有痛苦，就會把這份痛苦釋放到我們身外的環境裡；如果我們的內心是快樂的，這份快樂自然會顯現出來，於是世界就變成了令你快樂的地方；如果我們的內心充滿了恐懼和仇恨，這些東西也會完完全全地顯示出來。所以我們比我們自己想像的更能影響環境和現實。

有時候，我們會遇到這樣的事：當我們想要做一件大事，準備了很久，期待了很久，但是結局總是不能如我們所想，正當我們完全放棄的時候，卻突然得知，事情做好了，我們的目標完成了，這是因為我們不再造作什麼。我們總是習慣從自身的缺憾或匱乏感來看待事物，而不信任自己的力量和我們自身存在的豐富性。我們被說服這就是真相和過日子應該有的方式，所以必然會出現痛苦。當然，我們不能馬上擺脫各種各樣的欲望，我們的內心還會存在對自己和他人強烈的恨意，也會困惑於自己是誰以及實相是什麼，更會有各種不同的力量促使我們去追尋。這就要求我們必須去探究這一切，好讓那些痛苦的重量和包袱減輕，直至消失。當我們投入激烈、忙碌的外在活動時，一定要讓內心安靜下來，放慢速度。如果我們的心很忙亂不安，沒有安住在當下，我們進行的外在活動也會忙碌而不順利。只有放慢速度，靜下心才能看見我們人生整個活動的過程，繼而瞭解自我，最後看到當下的真相。

設定目標的練習，可以讓你獨自面對當下

透過設定目標的練習，你會逐漸看清楚什麼才是真正的意志力的運作，就可以獨自面對當下的真相。

——《解脫之道》

人們之所以總會有這樣或者那樣的煩惱，是因為人們總是生活在過去或者未來，而往往忽視或者並不理會生活的當下。一個真正懂得活在當下的人能在快樂來臨的時候就享受快樂，痛苦來臨的時候就迎接痛苦，在黑暗與光明中，既不迴避也不逃離，以坦然的態度面對人生。

一個人如果忘記了無始無終的時空觀念，對現有的生命悠然而受之，天冷了就穿衣服，天熱了就

脫衣服，受而喜之，才能順其自然，活在當下，不預支明天的煩惱。是的，最重要的事情就是現在你做的事情，最重要的人就是現在和你一起做事情的人，最重要的時間就是現在。

從前，有個小和尚每天早上負責清掃寺廟院子裡的落葉。

清晨起床掃落葉實在是一件苦差事，尤其在秋冬之際，每一次起風時，樹葉總隨風落下。每天早上都需要花費許多時間才能清掃完落葉，這讓小和尚頭痛不已。他一直想要找個好辦法讓自己輕鬆些。

後來有個和尚跟他說：「你在明天打掃之前先用力搖樹，把落葉統統搖下來，後天就可以不用掃落葉了。」

小和尚覺得這是個好辦法，於是隔天他起了個大早，使勁地搖樹，他認為這樣就可以把今天跟明天的落葉一次掃乾淨了，於是小和尚一整天都非常開心。

第二天，小和尚到院子裡一看，不禁傻眼了：院子裡如往日一樣落葉滿地。這時老和尚走了過來，對小和尚說：「傻孩子，無論你今天怎麼用力，明天的落葉還是會飄下來。」

小和尚終於明白，世上有很多事是無法提前的，唯有認真地活在當下，才是最真實的人生態度。

在現實生活中認真地活在當下、面對當下，並不像故事中說的那麼簡單。所以在內在工作中，我們會做某種特別的練習，來幫助我們理解以及釋放出這份真正的意志力，我們把這項練習稱為設

定目標。這項練習聽起來有點矛盾，因為它似乎是在訓練錯誤的意志力。一開始，設定目標的練習好像是在教我們運用錯誤的意志力，但其實它就是在我們跟當下的真相共處。它的目的不是為了要達到什麼，而是要我們學會如何安住在當下，看見當下的真相。

那麼我們如何進行設定目標的練習呢？如果你想瞭解一個問題，就必須採取跟這個問題相關的行動，這樣你才能真的瞭解它。比如說，你想瞭解為什麼你總是想要得到別人的注意，於是，你為自己設定了一個目標：在接下來的一個月裡，你必須不斷觀察自己是如何引起別人注意的。你也可以設定在接下來的一周時間裡，每天留出三十分鐘的時間來做一些不引人注意的事情。這就叫做設定目標的練習。當這項練習進行一段時間之後，你就會逐漸看清楚什麼是真正的意志力的運作，什麼是獨自面對當下。設定目標的練習可以讓你獨自面對當下的真相，而不會企圖依賴某個團體的支持。只要你在設定目標時精確地說出你準備做什麼，隔多久做一次。這樣的精確度是其中很重要的一部分，能說明你盡快地達到目標，在當下獨立起來。

安住於當下，就是不企圖達到任何目的

安住於當下就是不企圖達到任何目的，輕鬆地放下自己，毫不費力地安住於當下。

——《自我的真相》

現在，有很多書籍或大師不斷從靈修、佛教、心理學的角度來告訴人們要活在當下、安住於當下。也許很多人都會感到困惑，有時能感覺到當下，有時又不能；有時感受到的當下很美妙，有時卻覺得當下很痛苦。這些都無妨。我們只要做好必須做的事情，再看看眼前是不是有什麼東西使自己難以安住在當下。因為我們的信念或妄念通常會阻礙我們安住於當下，只要我們不再隨著自我的好惡、期望、理想而起伏，自然就能安住於當下。

有一個美國商人看見一位墨西哥漁夫每天用一點時間抓夠他們一家人生活所需的魚後就不工作了，於是他問漁夫：「你為什麼不多抓一些魚去賣錢呢？不然你一天剩下那麼多時間都用來幹什麼呢？」

漁夫回答：「我每天睡到自然醒，出海抓幾條魚，回來後跟孩子們玩一玩，再和老婆睡個午覺，黃昏時到村子裡喝點小酒，跟哥兒們玩玩吉他，我的日子可過得充實又忙碌呢！」

美國商人不以為然，幫他出主意：「我是美國哈佛大學企管碩士，我給你出個主意，你應該每天多花一些時間去抓魚，然後買條大一點的船。你自然就可以抓更多魚，再買更多漁船，然後組成一個船隊。到時候你就把魚直接賣給加工廠，或者自己開一家罐頭工廠，控制整個生產、加工處理和行銷的過程。然後你可以離開這個小漁村，搬到墨西哥城，再搬到洛杉磯，最後到紐約。在那裡經營你的企業，到時候你就發了，可以大把大把地賺錢！」

漁夫問：「這要花多少時間呢？」

美國人回答：「*15*—*20*年。」

漁夫又問：「然後呢？」

美國人說：「到那個時候你就可以退休啦！你可以搬到海邊的小漁村。每天睡到自然醒，出海隨便抓幾條魚，跟孩子們玩一玩，再跟老婆睡個午覺，黃昏時，晃到村子裡喝點小酒，跟哥們兒玩玩吉他！」

漁夫疑惑地說：「我現在不就是在過這樣的生活嗎？」

美國哈佛大學企管碩士苦心策劃、經營一輩子的結果就是漁夫現在的生活，雖然很諷刺，但也提醒我們：我們進行的一切活動、內在工作都不是一種結果，而是一種時時刻刻的感受。其實，那個碩士的錯誤在於他忘記了生活就是活在當下，而不是為了一個目標而活。正如阿瑪斯勸誡進行內在工作的人們：「其實安住於當下便是存在，存在就是不企圖達到任何目的。」

雖然我們可以透過努力來讓自己安住於當下，但這樣得來的並不是真正的自在，只會得到一種成就或結果。我們只有毫不費力地安住於當下，不企圖達到任何目的，才能輕鬆地放下自己。

毫不執著地臣服於當下，就是真正的意志

意志真正的作用就是毫不執著地臣服於當下所發生的事。

——《自我的真相》

人生一世，每個人都希望此生了無遺憾，都懷著預期的目的努力讓自己所做的每一件事都正確無誤。但這只能是一種美好的幻想，因為世事不可能盡如人意。如果你抓住過去不放，後悔不已或念叨著「明天會更好」，奔著理想的明天而去，那麼你就只能一直在痛苦中打轉。

英國醫生威廉·奧斯勒爵士在耶魯大學發表演講時對學生們說，*1871*年的春天，年輕的他在一本書中看到一句湯瑪斯·卡萊里寫的話：

「最重要的就是不要去看遠方模糊的事，而要做手邊清楚的事。」

當時，他是蒙特瑞綜合醫科的一名學生，平日他對生活充滿了憂慮，擔心通不過期末考試，擔心每天該做些什麼事情，怎樣才能開業，怎樣才能生活。但看到這句話時，威廉·奧斯勒爵士突然醒悟了，他放下了之前那些無謂的擔憂，開始專注地活在每一個完全獨立的當下，只做自己該做的事情，一步一步踏實地走下去。最後，他成為了一位有名的醫學家，一手創辦了全世界知名的約翰·霍

普金斯大學醫學院，還成為牛津大學醫學院的教授，又被英國國王冊封為爵士——這是學醫的人所能得到的最高榮譽。就是因為這句話，威廉．奧斯勒爵士不但獲得了驚人的成就，還度過了心無掛礙、無憂無慮的一生。

威廉．奧斯勒爵士其實是在告訴我們：不論怎樣，人們都應該把握當下、臣服於當下、臣服於眼前所發生的事。因為當下是我們唯一一個能夠體驗生命之流的地方。就算我們對當下有諸多不滿或抗拒，也不能逃離它，而要放下內在所有的抗拒，徹底接受眼前發生的所有事情，也就是我們要臣服。對有些人來說，臣服帶有負面的意味，它是在暗示失敗、放棄，不能接受生命的挑戰、灰心喪氣等。然而真正的臣服絕不是那些人所想的樣子，它不是要我們被動地忍受所處的情境、遭遇，也不是要我們不做任何計畫、努力或不採取積極的行動，更不是軟弱可欺，相反，真正的臣服蘊涵著極大的力量，意味著不再執著。

當一個人臣服於當下，他就會擁有一股靈性的力量，而之前那個慘兮兮的、充滿憎恨的、自怨自艾的、虛假的、不快樂的自我就不再存活了。透過臣服，我們的內在也會從當下的情境中解脫出來，我們還會驚奇地發現，之前那些困擾我們的現實不費吹灰之力就被改變了。

阿瑪斯認為，臣服就是以順生命之流而動代替逆流而上。如果我們能夠無條件且毫無保留地接受當下這一刻，我們就會獲得自由。但是，作為一種純粹的內心現象，臣服並不意味著我們不能從外面採取行動或改變現狀，也不需要我們對整體的現狀照單全收，僅僅去接納那個叫做當下的微小片段就好。

做當下的你，允許下一刻自然顯現

任何事都可能發生，你根本不知道事情會如何發展。你只能做自己，做當下的你，然後允許下一刻自然顯現。

——《內在的探索》

在現實生活中，我們的內心總有很多失去的無奈、不得的遺憾，也有很多美好的憧憬和幸福的嚮往。我們拚命地賺錢，透支身體，來滿足各種欲望，實現各種理想，但當我們停住腳步，卻發現我們將自己丟失在茫茫的都市之中，心靈也不知所終，沒有什麼不會改變，沒有什麼順遂如意，我們在這樣的現實中不知道能抓住什麼或留住什麼。

一位哲學家途經荒漠，看到一座很久以前的城池的廢墟，哲學家想在此休息一下，就順手搬過一個石雕坐下來。望著被歷史淘汰下來的城垣，想像曾經發生過的故事，哲學家不由得感嘆了一聲。忽然，有人說：「先生，你感嘆什麼呀？」他四下望了望，卻沒有人，正在他疑惑的時候，那聲音又響起來，是從那個石雕那裡發出來的。哲學家仔細端詳那個石雕，原來那是一尊雙面神的神像。哲學家好奇地問：「你為什麼有兩副面孔呢？」雙面神回答說：「有了兩副面孔，我才能一面察看過去，牢牢地汲取曾經的教訓；另一面又可以瞻望未來，去憧憬無限美好的藍圖啊。」

哲學家說：「過去只是現在的逝去，再也無法留住，而未來又是現在的延續，是你現在無法得到的。你不把現在放在眼裡，即使你能對過去瞭若指掌，對未來洞察先知，又有什麼意義呢？」雙面神聽了哲學家的話，不由得痛哭起來，說：「先生啊，聽了你的話，我才明白我落得如此下場的根源。」哲學家問：「為什麼？」雙面神說：「很久以前，我駐守這座城池時，自詡能夠一面察看過去，一面又能瞻望未來，卻唯獨沒有好好地把握現在，結果，這座城池被敵人攻陷了，過往的輝煌都成了過眼雲煙。我也因此遭到人們唾棄而被棄於廢墟中。」

故事中那個雙面神只專注於過去和未來，沒有把握住現在，才會失守城池，被人唾棄。我們生活的世界中有這樣三種人：第一種人只會回憶過去，在回憶的過程中體驗感傷；第二種人只會空想未來，在空想的過程中不務正事；只有第三種人注重現在，活在當下，讓事情自然地發展下去。其實任何事情都有可能發生，我們根本不可能知道事情會如何發展。如果我們用各種方式去操控它，只會阻礙它的發展。所以，我們只能選擇做當下的自己，然後允許下一刻自然地顯現。

第十一章 心智日臻成熟

若想活出圓滿的人生，就必須活得像一個成熟的人。我們的煩惱、衝突、失望以及欠缺感都是由於我們沒有按照成熟的方式生活而導致的。只有以一種自然的方式生活，我們才能脫離不必要的掙扎和奮鬥。遵循自然的生存法則生活，我們的心智才可能日臻成熟。

褪去幼稚模式，進入生命更精微的面向

為了發展人更深的潛能，我們必須揭露那些動物性和孩童式的需求，讓更精微的面向呈現出來，這也是內在工作的目標。

——《無可摧毀的純真》

有一件事情是我們都要認同的，那就是：生命的重點並不在於我們內心或好或壞的感受，而在於不喪失自尊、自重，不放棄自己生命最真實的實相——也就是心中最高、最純淨的面向。不論我們經歷的事情有多美妙或多痛苦，我們自尊、自重的程度都可以維持自己的完整性。圓滿的人生並不代表我們必須獲得某種成功、勝利或達成某種理想、心願，而是要我們以最誠懇的方式面對自己，展現出生命最核心的價值，像個真正的人那樣活著。

如果我們想活出圓滿的人生，就必須「活得像個人」。我們平日裡的煩惱、衝突、失望和缺失感，都是由於我們沒有遵循本體應有的方式生活而導致的。任何一個人如果脫離了應有的生活軌道，他的生活就會顯現出一種不和諧的狀態，裡面充滿了衝突、煩惱，他的肉體、心智也會運作不良。

我們的生活中存在著很多不必要的活動和掙扎，很多時候我們都處在一種迷茫的狀態，並不知道一個成熟的人是怎樣生活的，也不知道成熟的人有著怎樣的價值觀和人生準則。在偶然得到一些大師的提點或看到成功者的奮鬥經歷後，我們就以為自己真的知道了「活得像個人」是什麼意思，以為自己懂得了人生到底是怎麼回事，也明白了人應該有什麼樣的行為舉止。但我們這些想法都是由自身的情緒、概念或從他人和過往的歷史得來的信念所組成的虛假意識，並不能夠幫助我們成為真正成熟的人，它們只是讓我們企圖透過模仿、反應來試著變成某個人罷了，我們的潛能還沒有完全發揮出來，仍然是按照孩童的法則生存。要想以一個「真人」，也就是成熟的人的方式生活，我們只有脫離不必要的掙扎和奮鬥，以自然的方式生活才行。這裡所說的「自然的生活方式」並不是指某個權威決定的，而是讓我們按照存在的自然法則去生活。這種自然的生活方式會徹底轉變我們看待自己的角度，同時也會徹底改變我們的行為。

然而，社會上的大部分人都還活在一種孩童的階段，比如對金錢、權力、名望、讚美和肯定的需求，這其實是一種孩童式的渴望、幼稚的模式。這是我們必須要穿越的階段，不能滯留其中。被這個社會所廣泛接受的知識學問之中，並不包含對真人及其運作方式的瞭解，因為社會大眾在這方面的知識都停留在未發展的層次。但是關於如何長大成為真人，我們並沒有得到正確的引領，我們通常的所作所為只是為了滿足人的基本保障和需求，但其實我們真正的需求要比這些多得多，為了能發展出我們更深的潛能，就必須探索並滿足我們內心更精微、更深層的那些需求。我們在這裡進行的內在工作就是要揭露出我們殘留的那些動物性和孩童式的需求，讓生命更精微的面向呈現出來。在進行內在工作時，我們會發現一旦我們認同了內在的匱乏感，就會利用自己更精微的面向來滿足那些原始的需求，比如我們總是想要獲得贊同、賞識、愛、接納、安全感、金錢、權力、快樂等。但是，我們那些更精微的面向不應該形成這些狹隘的成就感，或是讓我們過度地自我感覺良好。人類靈魂中那些精微的次元是用來轉化人格，讓我們脫離幼稚模式的，它與我們本體的各種品質都有聯結，會影響我們對自己的體認，使我們變得更成熟。

內在工作讓我們變為成熟的人

內在工作的目的不是要滿足孩童式的需求，而是帶領我們去瞭解和認清它們，學會超越它們、放下它們，最終與自己最真實的本質達成一致。

——《無可摧毀的純真》

你知道，一個「人」到底應該如何過日子，應該依照什麼法則生活，應該有什麼樣的行為舉止嗎？當大家聽到這個問題的時候，很多人腦子裡都會有這樣的答案：吃飯、睡覺、工作、與人交往，再說得深一些，還要透過各種努力來滿足或解除恐懼、欲望、貪婪、不安全感、競爭、嫉妒和各種各樣人類的原始需求。這些看法和觀念多是祖先留給我們的，或是從外面學來的一些假設、誤解和偏見。我們是否真的知道「人」是什麼呢？如果真的想瞭解什麼才是成熟的人，即「真人」，我們首先必須質疑自己對「人」的定義。

剛才所說的那些滿足原始需求的信念在人生的某個階段也許是妥當的、合宜的，但並不適用於我們人生的所有階段。它們只是一種孩子或年輕人的需求，距離成熟的人的狀態還差得遠，要想成熟就必須擺脫它們，一個真正成熟的人是不會對這些東西產生反應的。這些都是適用於一般人的生存法則，而並不適用於真正成熟的人的生活。如果按照這些舊有的價值觀、影響力和法則來生活，我們就會一直停留在孩童階段。

一個真正成熟的人能夠深刻地感覺到，快樂與和諧都存在於他心靈的深處，他同時也會瞭解任何渴求只會切斷真相跟他的聯繫，所以他就不會再渴望什麼了。一個真正成熟的人很清楚他最想要的是什麼，同時也很清楚不對渴求做出什麼反應或努力，他會完全地按照那個自然的法則行事。成熟其實就意味著我們的認知已經完全可以使我們停止去渴求、去造作什麼，不過這也需要我們擁有許許多多的失望和痛苦的經驗才能明白。

我們進行內在工作的目的就是說明我們尋找到真正的成熟。我們所學到的一切經驗，都會給我們自己帶來滋養，幫助我們長大成人。這些經驗也會改變我們的價值觀和生命法則，並明顯地影響我們的關係以及我們和他人互動的方式，甚至會影響我們的餘生。而且進行內在工作不是為了滿足我們自身那些嬰兒式的需求，當然也不意味著這些需求就必須被完全地排拒或貶抑。我們只要瞭解和認清它們就好，這樣我們才會發現自己已經不再是一個孩子，也就能超越它們、放下它們。

從這個角度來說，我們會發現我們所進行的內在工作並不是一件簡單的事，它並不是奠基於大部分人所認同的那些價值觀與行為準則之上的。相反的，有時內在工作會造成我們慣常的價值觀和另一種價值觀的衝突，但這兩種價值觀交集後所產生的折磨，有利於揭露我們頭腦中那些老舊的概念和幼稚的模式，還能說明我們放下它們。每個人最渴望的應該是真正長大成為一個成熟的人。內在工作就是在全力地支持我們按照自然的方式生活，並說明我們發展為成熟的人，而不是要幫助我們去撫慰嬰兒才會有的衝突、緊張、痛苦、誤解和煩惱等。我們進行內在工作之後就會發現，要想成為一個成熟的人，就必須下很大的工夫。因為成熟需要付出很多努力，還要有很大的耐性和奉獻精神。

進行內在工作，勇敢地說「我不知道」

真正成熟的人不該被自己的情緒和感覺所操控，只有當你勇敢地說出「我不知道」，並有更多勇氣承認自己「的確想知道」，你才能將內在工作繼續下去。

——《無可摧毀的純真》

在生活中，每當經歷了一些人或事，我們的內心就會留下記憶，產生一些認知，當然，有一些認知也能夠從書本等傳播媒介中獲得。當我們再遇到相似的情況，我們的思維就會說：「哦，這件事啊，我知道。」「這個問題很簡單，我懂。」當年歲漸長，積累漸多，我們就會以為我們對這個世界、對我們的生命瞭解很多，知道很多。但我們是真的「知道」嗎？

要想明白我們是否真的知道，可以看看我們進行內在工作幾個月或幾年後的變化。通常，進行內在工作一段時間後，我們都可以比較清晰地感受到自己的情緒並能完整地表達出來，因為這時我們已經能夠聯結到自己的身體。對許多人來說，這樣的狀態就是他們所渴望的，不過這仍然是初級階段，雖然很重要，但尚未碰觸到全部的真相，我們還是受制於情緒和感覺。一個真正成熟的人不應該被他自己的情緒和感覺所操控，就如同阿瑪斯曾經說過的那樣：「如果你仍然繼續被情緒和生理欲望操控，就勢必對內在工作極度失望。」

內在工作一開始教給人們如何處理人格的情緒部分，然後要我們去揭露對自己、對現實的所有概念、假設和成見，去體驗不同階段的不同面向。經過這樣的過程，我們就會變成一個更加細緻、更加成熟、進化更深也更真實的人，才可能活出真人的生活。

這是一個既漫長又複雜的過程，並且因人而異，所以每個人都要根據自己的狀況下很大的工夫，要深入地去瞭解自己的情緒、心智、性格的構成模式和導致這些行為的種種緣由。這又是一個充滿痛苦和困難的過程，雖然能給我們帶來喜悅和振奮感，但也需要耗費我們許多的耐性和時間。這時候，我們的毅力就會發揮作用，因為旁人能為我們做的總是有限，只有自己親力親為，才能破除周遭環境帶給我們的阻礙。

為了不讓自己在現實社會中迷茫若失，得到心靈的歸宿，我們就必須經歷許許多多的理解、體驗和洞察，也要忍受許許多多的痛苦和焦灼，才能真的有所了悟，達到修煉自己的目的。因為這種了悟涉及許多的層次及面向，我們會在各個階段來來回回不停，想要有所收穫就需要對自己抱持極大的耐心和慈悲，還要有一種慷慨、實際又成熟的態度去對自己的內心下工夫。因為，我們都懂得沒有人可以為自己做這件事，也沒有人可以把解脫送給你，只有我們自己能救贖自己。因此，我們必須改變人生的信念，而且要能夠勇敢地說出：「我不知道。」有時甚至需要更多的勇氣來承認自己「的確想知道」。

轉化受制的人格，使靈魂臻於成熟

人格其實就是靈魂受制約的部分。若想轉化受制約的部分，發展出完整的人格，只有靠洞見和本體境界，才能夠讓靈魂成熟和完整。

——《無可摧毀的純真》

人的發展過程中有三個要素，要經歷三個階段：首先是理解、認知、發展出洞見和直覺；然後是安住於存在本身，也就是對本體有所了悟；最後就是去做、去實踐的階段，也就是將存在以及對生命的認知結合起來，活出自己的人生。有許多人在跟隨阿瑪斯進行一段時間的內在工作後，就產生了很深的洞見以及自我了悟，有的還體認到了愛和無限性。可是，他們仍然在按照舊有的那些模式生活，就好像什麼悟境也沒體驗過似的。這是個很奇怪的現象。因為對本體的了悟必須要影響你們的生活，並完全滲透在你們所經歷的每件事裡面，直到本體的每個面向都整合進來為止，不然是沒有意義的。

一個成熟的人就是在依照體悟和洞見來生活的。沒有任何體悟或洞見的人，不可能以成熟的方式生活，因此，那三個發展面向都是十分必要的。如果只是朝著行動的方向發展，一心一意地追求成功，就無法體驗到真正的存在，也無法真正瞭解自己。如此一來，你的行動會失去重點，人生也不可能達到和諧，只是在一味地想滿足欲望，達成對神奇經歷的夢想而已。

如果一個人完全按照自己體悟到和學到的真理來行動，而不再受制於過往的老舊模式，那麼，這些洞見和體悟就可能整合到他的靈魂裡面，如此一來，靈魂就能透過消化這些老舊的模式而產生轉化，變得更成熟。人格並不是一個需要堆砌的東西，它必須透過時間並和本體結合在一起發展，才會變得更細緻、更成熟。一個整合的靈魂，人格和存在本身不會再有衝突，所以說如果想發展出完整的人格，整合的過程就是必要的。

其實人格就是靈魂受到制約的那個部分。只有靠洞見和本體境界，轉化掉那個受制約的部分，靈魂才能夠成熟、完整。但是，要想轉化人格不能靠脫離人群、死死地打坐，或聽信老師的某些建議。你必須採取實際的行動，考量你所學到的一切洞見、認知和體悟，這樣才能把人格的所有面向統合起來，使它變得越來越平衡、越來越完整。

因此，從某個角度來看，阿瑪斯所提倡的內在工作有點像是在構建及發展自我和現實的人生。不可能只是下了一點工夫，美好的事就發生了。但這就是一般人的期待，可惜事情不會按照大眾希望的這種方式發生。也有人可能會把洞見和體悟視為獎賞或糖果，但如果你把糖果吃了，就會像一心想透過打坐得到獎勵的不成熟的人。如果你真想發展出自我了悟，變成一個完全成熟、平衡的人，就得善用真實的生命經驗來轉化自己。最後要提醒大家的是，當你有了某種本體經驗時，通常會出現強而有力的支撐感和穩定性，從前那種匱乏、不足、缺乏支持的感覺會突然消失。這份體認或許很美，但仍然是不夠的。僅僅擁有了悟還不夠，了悟作為一種食糧，是從根本或核心的部分產生的，是用來轉化你的。它們的出現並不是要供你消費，而是要你吸收和消化它們。只有這樣才能徹底地轉化你的人格，讓你的靈魂臻於成熟。

成熟之人的本質，就是敬重他人

內在工作不僅僅是自我了悟，只顧保有自己的良好感覺，也要求我們敬重他人，這也是成熟之人的本質。

——《無可摧毀的純真》

很多人對靈修工作會有這樣的誤解，覺得靈修僅僅是為了發現自己內心的問題，並讓自己的心靈得到修煉，最終了悟，得到解脫。其實，靈修工作不僅僅是去發現我們內心的問題，還要求我們去理解和留意自己的行為和與別人的關係。要成為真人，就要求我們的外在生活與內在情況達成一致。如果我們內在的經驗和對待他人的行為是衝突的，比如，我們只愛自己、接納自己，卻對別人很冷漠、很挑剔，充滿了抱怨和不滿，那麼我們的內心就會扭曲。當你說懂得了某些真理，卻仍然按照之前的方式行事，你就並不是真正了悟了，而且這樣表裡不一的行為還會給周圍的人帶來不愉快。阿瑪斯就曾這樣勸告他的學生：「內在工作不僅僅是自我了悟，也不是忘卻周遭的人，只顧保有自己的良好感覺。成熟之人的本質就是敬重他人。」

1848 年，大英帝國的維多利亞女王和她的表哥阿爾伯特公爵結婚。和女王同歲的阿爾伯特是一個極具魅力、舉止優雅的男人。他喜歡讀書，學識淵博，被稱為「走動的百科全書」，但他不大喜歡社交，對政治也不大關心。

一次晚宴後，維多利亞女王回到家裡，來到臥室。臥室的門是關著的，她敲了敲房門。

「誰？」裡面的阿爾伯特故意問道。

「英國女王。」女王回答道。

維多利亞等了一會兒，門沒有開。不見丈夫開門，她只得又敲門。

敲了好幾次以後，維多利亞忽然明白，家是一個只講愛的地方，這裡沒有什麼女王和臣民，只有妻子和丈夫，只是丈夫沒有明說：「回家了，請摘下你的王冠！」

這時，她帶著一絲慚愧答道：「是我，維多利亞，你親愛的妻子。」說完，臥室的門開了，阿爾伯特用深情的微笑迎接她。

高高在上的女王在家庭中也只是一個普通的妻子，所以無論我們和別人在學識、地位、財富上有多麼大的差距，都不能用「高人一等」的語言來傷害對方。每個人都是作為同樣的生命體存在著，外在的標籤不能影響他受到的作為「人」的尊重。如果一個人想用高人一等的方式來展示他的權威，那麼他就大錯特錯了。從理想的角度來說，人們應該彼此尊重、瞭解和友善對待，如果你不以尊重、感激和友善的方式跟另一個人互動，就等於沒有尊重或認同自己。因此，不論是對待誰，我們都應該清醒地付出努力，依照真人的那些品質來生活，而不是耽溺在固有的老舊模式裡，那樣你就是在助長自己的不成熟，仍然在以動物性的方式行動。

一個成熟的人永遠有一種謙恭的態度和感知生命美好的心靈。如果你真的想體會成為真人的滋味，就必須努力成為這樣成熟的人，帶著極大的耐性和尊重對人對己，漸漸的，你會瞭解和發現以前所不瞭解的自己，你也會帶著覺知開始修正自己的行為，依照真人的方式來對待生命中的每個人。

成熟的人有能力結合施與受

一個人愈是成熟、完整，就愈不會自私或無私，他們有能力結合施與受，將其變成完整的行為。

——《無可摧毀的純真》

我們常常會聽到「施比受快樂」、「來而不往非禮也」、「愛出者愛返，福往者福來」這樣的話。其實，這些話就是在詮釋人際交往中一個重要的原則——互酬原則。人與人的關係都是相互的，每個人都是有所施也有所受，但如果只是取而不施，往往就交不到朋友。因此，我們需要在施與受之間達成一種平衡。這種平衡是一件最自然的事，當一個人在給予時，他並不覺得自己是在給予，也不會認為自己是在施捨；而當他接受別人的給予時，也不覺得自己在接受，他只是在做一件應該做的事而已。

一個基督徒在臨終之前想看看天堂和地獄究竟有什麼差別，於是，天使答應了他的請求。

首先，天使帶著基督徒來到地獄，地獄裡有一張很大的餐桌，桌子上擺滿了豐盛的佳餚，桌子周圍坐著一群餓鬼，他們手裡拿著一雙十幾尺長的筷子，可以夾到菜，但是吃不到嘴裡，所以，他們個個面黃肌瘦、骨瘦如柴。

他們又來到天堂，同樣是張很大的餐桌，同樣有很豐盛的菜餚，桌子周圍卻坐著一群可愛的人，他們同樣也拿著十幾尺長的筷子。

所不同的是，他們夾菜餵對面的人吃，對面的人也夾菜餵他們吃。所以，他們個個快樂又健康。

天使轉身對基督徒說：「這就是天堂和地獄的差別。」

就像天堂裡的人那樣，一個真正成熟、完整的人會去做情況需要他做的某些事，而且他的行動會從每個層次、每個面向去考量，包括生理、情緒、外人、自己、現在和未來。

在日常生活裡，我們要想遇見一個真正成熟的人是非常不容易的。所以我們經常分辨不出成熟的人所擁有的品質，有時還會把成熟和開悟混為一談。但是從成熟的角度來看，開悟是必要的，但又不是成熟的全部。開悟的人只會看見以前從未看見的一些可能性。但一個人如果越是成熟和完整，就越不會偏向自私或無私。我們常常說只有屬靈的人是無私的，永遠都在為他人奉獻，而世俗之人永遠都是自私又貪得無厭的。但一個成熟的真人能完美地結合施與受，並將它變成一種完整的行為，有些東西要給自己，有些東西要給別人，成熟的人在處理這兩個問題時不會有任何的衝突矛盾。

在這個世界上，大家都是一體的，我們的差異僅僅在於我們的歷史或經驗，本質上我們是聯結在一起的。其他的人和我們是一樣珍貴的，而且值得我們對彼此付出尊重、愛和關懷。當你把這份瞭解表現在自己每一刻的行為裡時，你就能做到施與受的平衡，你就已經是成熟的人了。

成熟，就是能以成熟的態度處理問題

人生總是充滿著問題。一個成熟的人絕不是沒有問題的人，成熟的人是能夠以成熟的態度處理問題的人。

——《無可摧毀的純真》

印度詩人泰戈爾曾說過：「生活並不是一條人工開鑿的運河，不能把河水限制在一些規定好了的河道內。」的確，現實中總會有各種不幸的、痛苦的事情，我們在人生的路途中也總會有各種各樣的失望、不順、悲慘的遭遇。然而失望又怎樣？不順又怎樣？生命之流不會因此而停止，我們應對自己下工夫，要讓自己成熟起來，不要逃避，然後，我們就能感受到內心升起了一股強大的力量。

美國小說家布希·塔金頓曾經說過：「人生加諸我的任何事情，我都能接受，只除了一樣，就是瞎眼。」但是在他60多歲的時候，他的視力就開始減退。漸漸的，有一隻眼睛完全看不見了，而另一隻也快看不見了。他唯一害怕的事情最終發生在他的身上。

當塔金頓完全失明之後，他說：「我發現我能承受視力的喪失，就像一個人能承受其他的災難一樣。要是我喪失了全部的感覺，我還會繼續在我的思想裡生存，因為只有在思想裡我們才能夠看，也只有在思想裡我們才能夠生活，不論我們是否意識到這一點。」

為了恢復視力，塔金頓在一年之內接受了12次手術。他有沒有害怕呢？他知道這都是必要的，他知道他沒有辦法逃避，所以唯一能減輕痛苦的辦法，就是爽爽快快地去接受它。

他拒絕使用私人病房，而是和其他病人一起住在大病房裡，並試著去使大家開心。而在他必須接受手術時——他一直都清楚地知道他的眼睛動了哪些手術——他一直盡力地去想自己是多麼幸運。「多好啊，」他常常說，「現在的科學已經發展到了這種地步，都能給人的眼睛這麼纖細的東西做手術了。」

我們要知道，一個成熟的人絕不是一個不會遇到任何問題的人，只是他能夠以成熟的態度去處理問題。就像故事中的塔金頓一樣，他接受了失明的事實，並且做到面面俱到地考慮問題，按照自己的觀察來採取行動。成熟的態度就是能夠與問題和因這些問題而產生的反應共處，並不試圖去改變什麼或造作什麼。許多人進行內在工作，只是想從中獲得一些東西，或者想透過內在工作來解決他們的問題。我們每個人都有問題要解決，但這並不是內在工作的目的和重點。

如果我們按照從前那種幼稚的方式去進行內在工作，那麼，我們的某些部分就會無法改變，成為制約我們走向成熟的瓶頸。要知道，我們對自己本質中精微次元的體認，並不是要我們像存錢一樣透過把它們積累起來讓自己產生富足感，我們對自己的內心下工夫的目的也不是要滿足那些孩童式的需求，而是要帶領自己成長為一個成熟的人。一個真正成熟的人，在行為舉止上總是與自己最真實的本質達成一致的，會用成熟的態度面對一切，這才是最難能可貴的品質。

放下趨樂避苦之心，學會欣賞和愛惜心中的實相

如果我們一味地追求享樂，逃避困難，只想等待痛苦消失之後才學著欣賞或愛惜心中的真相，那麼痛苦就永遠不會消失。

——《無可摧毀的純真》

如果有人問你是否真的知道「人」是什麼，「人生」是什麼，也許你能馬上告訴他一些關於「人」和「人生」的耳熟能詳的定義，這在字典或一些心理學大師、哲學大師的書中都有過詳盡的解釋。但你從未對這些產生過質疑嗎？也許你只是把日常生活中發生的事當成了一個人應該有的狀態；也許你僅僅把一些掌控自己及他人的生命法則看成是正確而妥當的真理。其實，我們自己並不知道這個問題的答案，或是對它所知甚微，我們只是在延續祖祖輩輩留下來的生活方式。

在繼承了這些生活方式的同時我們繼承了同樣的需求，但是我們對金錢、權力、名望、快樂、讚美和肯定的需求，只是一種孩童式的、趨樂避苦的渴望，這些需求充分表現出一個人不夠練達、不夠成熟。大多數人都有這種趨樂避苦的想法，但這並不是一個成熟之人應該遵循的生命準則，而都是動物王國的生存法則。一個成熟的人應該是超越這一切的，活在更高、更練達、更圓滿的價值觀和準則裡。

我們必須要清楚地知道人生中最重要的價值到底是什麼。我們可能允許自己追求肉體的刺激和享樂，逃避困難和痛苦，也可能讓自己完全專注於瞭解自我和發現心中的真相，或許我們只是想等到痛苦消失之後再去學著欣賞或愛惜心中的真相。我們通常還會有這樣一種態度：「如果這個問題不解決，那麼好事就不可能發生。」恰恰是這種態度阻礙了我們去敞開心胸、面對當下。因為如果一個人堅持以沉重的心情去解決他的問題，那麼他永遠都不可能快樂，也不可能看清真相。任何一種冥頑不化的態度、狹窄的觀點都等於在說：「我只想要得到最好的東西，其他的我都不在乎。」這樣，他不但不會得到他所渴望的美好的事物，還會導致痛苦、破壞和緊張。

我們每個人都無可避免地要去面對層出不窮的問題、矛盾、衝突和誤解。當我們在面對一個問題的時候，應該以一種欣賞的態度去瞭解，也就是不企圖去排除問題，只是專注這個問題的真相。同時，我們還要瞭解，一味地想解決衝突、矛盾和緊張感，只是一種很幼稚的依賴行為。我們只有在自我瞭解的過程中，學會欣賞和承受心中的真相，才能長大成人，這樣我們的人生也會有一種統合感、藝術性和創意。而為了能夠活得更圓滿，我們還必須發展出一種對價值觀和真理的品位、對內在的深度、精密性與細膩的覺知，還有坦誠以及自尊和自重的能力。這些價值會給我們帶來細緻、優雅的人生，為我們的生命注入豐富的內蘊和自然的美。

這個世界充滿著各種各樣奇妙的事物、幽微的精緻性和難以形容的美。當我們不再集中焦點於解決問題，或不再希求享樂而逃避痛苦，僅僅是帶著一種欣賞和愛惜的態度去觀看內心，我們就會擁有一種滿足感。

成熟是學會放鬆，對人對己仁慈友善

成熟的人能學會放鬆，對自己、對別人仁慈友善，默默地將問題視為人生的一部分，最終必定會因為能全心全意地面對人生而獲得喜悅。

——《無可摧毀的純真》

很多人認為只有在閒下來的時候或所有的問題都得到解決的時候才能享受一刻輕鬆的時光，他們在生活中、工作中忙忙碌碌，身心俱疲，其實，如果能夠學會放鬆，然後問自己：「我為什麼要這樣折磨自己，為什麼不先喝杯茶，讓自己放鬆下來？」當你這樣做了，就是在對自己仁慈、友善。

忙碌、焦灼、冷漠絕不是人生運作的方式，你為什麼一定要等到開悟之後才能徹底放鬆下來？為什麼要等到仁慈友愛的品質從天而降，才能對自己和他人友善？是的，人生充滿問題。但誰也不可能一下子解決完所有問題，倒不如耐心地面對問題、一點一滴地解決問題，這樣，你才可能感受到快樂和圓滿。

一個商人的妻子不停地勸慰她那在床上翻來覆去足有幾百次的丈夫：「睡吧，別再胡思亂想了。」

「唉，老婆啊，」丈夫說，「你是不知道我現在受的罪啊！幾個月前，我借了一筆錢，明天就到還錢的日子了。你知道，我們家哪裡有錢啊！你也知道，借給我錢的那些鄰居們比蠍子還毒，我要是還不了錢，他們能饒得了我嗎？為了這個，我能睡得著嗎？」他接著又在床上翻來覆去。

妻子試圖勸他，讓他寬心：「睡吧，等到明天，總會有辦法的，我們說不定能弄到錢還債的。」

「不行了，一點辦法都沒有啦！」丈夫喊叫著。

最後，妻子實在忍耐不住了，便爬上房頂，對著鄰居家高聲喊道：「你們知道，我丈夫欠你們的債明天就要到期了。現在我告訴你們：我丈夫明天沒有錢還債！」她跑回臥室，對丈夫說：「這回睡不著覺的不是你，而是他們了。」

當我們面對自己的不足和挫敗時，是以真誠的態度去面對，還是心中憋著一肚子的悶氣？是不停地抱怨外界的因素，還是花時間學習最終透過智慧來解決問題？我們遇到的事情裡，有一些是需要及時處理的，有一些則只能允許它變成生命的一部分。如果有些事的確需要處理，就應該在正確的時間裡以正確的態度面對它、解決它。如果你只是在抱怨或痛恨別人給自己帶來沉重的負擔，你只會感到挫敗。這種時候，你必須接納這些已經發生的事情並且面對它們。這種成熟的態度會取代那些孩童式的行為，因為後者只會導致挫折和更多的問題。成熟之人能夠把困難當成人生的一部分，並且會以妥當的方式去處理它。

我們的人生不是在問題解決之後才開始的，每個人都會面臨許許多多的問題，與其唉聲嘆氣，倒不如享受解決問題的過程。有些人之所以能夠感覺到圓滿和快樂，並不是因為他們的問題全都解決了，而是他們能夠如實地接受事情的真相。這就是成熟的態度。成熟意味著盡己所能地理解問題、面對問題，然後發展出專業的知識和技能，去做自己必須做的事。成熟的人會默默地接受問題，並將其視為人生的一部分，輕鬆地看待一切變故與不如意，對己對人都有一顆仁慈的心，最終他們也一定會因為能全心全意地面對人生而獲得最大的喜悅。

第十二章　體驗空無的狀態

當心安定下來，心念活動靜止時，你會發現存在的只有一片空無，所有的思想、覺受和感覺全都消失了。這就是心的本質——空無。若想徹底體認到心的本質，你的心必須開放、空無一物，進而進入那種無礙無邊、徹底寂靜的空無狀態。

思想和心是無來無去、無礙無邊的空無

思想是無來也無去的，它們來自於空無，也回歸於空無。心最終只是一片無礙無邊的空無。這空無並不是某個實存的空的東西。

——《解脫之道》

在東方，許多的修行都要求人們去試圖體悟有沒有一種心識是可以超越結構的，或者這個結構是否可以由別的東西創造出來。人們在這條探索路上發展出了許多種不同的禪定體系。這些體系都是在試圖瞭解心識的活動，留意所有心識的印象和過程，並試著尋找是否還有別的東西存在。

我們也來思考一下：心安定下來時會發生什麼事？心念活動停止時又會剩下什麼？

有人說，探入到那裡的人，只會發現存在著一片空無。也就是說，所有的思想、覺受和感覺全都消失了，即我們經驗的內容全都不見了，在那裡根本找不到什麼思想者、經驗者或任何結構。這就是東方修行體系所謂心的本質——空無。在這個空無裡，思想是無來無去的，它們來自於空無，也回歸於空無，而最終我們的心也只是一片無礙無邊的空無。

如果我們要體悟心的本質就是空無，就要將以往所認同的空這個觀念轉化成更深的對心之本質的體悟。只要有空間感存在，就會有人能夠經驗到這個空間感。如果我們想徹底體悟到心的本質，我們必須讓心保持開放，達到空無一物為止。一旦我們真的體認到心的本質，那是一種連觀察者、經驗、思想、標籤統統不存在的徹底寂靜的狀態。在那裡，我們會持續地發現空無，心中的空間感不見了，連那個發現自己的心空掉的人也不見了。這種狀態有時被人們稱為存在的基礎。如果從這個角度來看，那麼心就是一切事物的基礎，也是空無最終極的本質。

身為實相最深的本質，心既是所有經驗的基礎，又是萬物的基礎，所以任何事物都需要依賴空無才能存在。當我們內在所有的活動都靜止下來的時候，就是空無一物的時候。到那時，沒有人企圖去尋找到某樣東西，起初你會去尋找自己，最後會發現什麼也找不到；這也並不意味著我們的肉體不存在了，只是沒有什麼在那裡製造、覺知或組織各種印象；當然，也沒有一個事物是超越這些現象之外的。到那時，存在的就只有一些來來去去的念頭活動，它們既沒有來處也沒有去處。最後，所有的念頭就全都止息了，徹底的空無也就被揭露出來。

阿瑪斯稱這種徹底的空無為「真空」，它是實相最根本的本質，也是一切存在的基礎。有時，我們仍免不了會經驗到空無或者心、意識活動的一些內涵，這就意味著我們還沒能真正體認到真空，還存在一個在不斷探尋的人，一個會問「那是什麼」的人。只有我們允許自己去洞察事物的源頭，才會很快體認到真空，也就是說，那時的我們會連空無都意識不到了，這才是真空。真空可以深刻到消除意識本身，前提是覺知不存在我們的自身。如果覺知仍然存在，那麼徹底的空無就無法出現。因為只要意識還存在，就會認知到空無，那就達不到徹底的空無。

自我了悟就是徹底放鬆身體

自我了悟就是徹底放鬆身體。當身體徹底放鬆時，它就會變成通往宇宙的一扇窗戶，這扇窗戶會讓洞見、覺知和體悟出現。

——《無可摧毀的純真》

我們要知道，真正的解脫和快樂不是來自世俗的高位，也不是來自書本的知識、驚人的成就或擁有很多的財富，而是從自我了悟中獲得解脫和快樂。

一天，山前來了兩個陌生人，年長的人仰頭看看山，問路旁的一塊石頭：「石頭，這就是世上最高的山嗎？」「是的。」石頭答道。年長的沒再說什麼，就開始往上爬。

年輕的人問石頭：「等我回來，你想要我給你帶什麼？」

石頭看著年輕人說：「就把你到山頂那一刻最不想要的東西給我吧。」年輕人沒多問，便跟著年長的往上爬去。

不知過了多久，年輕人一個人走下山來。那個年長的人在登上頂峰時跳下了懸崖。對於一個登山者來說，最大的願望就是戰勝世上最高的山峰，當他的願望實現後，他也就沒了人生的目標，生與死便沒區別了。

年輕人將自己最不想要的生命留給了石頭，他在山旁住了下來。許多年過去了，當他對著石頭回想往事的時候，明白了一個道理：其實，更高的山並不在人的身旁，而在人的心裡，只有放鬆下來，完全忘我才能超越。

我們的身體是副甲冑，也就是我們的疆界。當身體放鬆下來，沒有緊張，達到完全平衡時，我們的疆界感也會消失。而我們要達到的自我了悟在某種程度上必須先從身體著手才行。到最後，自我了悟就只是徹底放鬆身體就能達到，沒有其他的東西了。當我們的身體徹底放鬆時，它就變成一扇通往宇宙的窗戶，我們想要的洞見、覺知和體悟會出現在這扇窗戶裡。如果我們身體的存在感消失了，那麼這扇窗戶也會一起消失，這又是我們內在工作進一步的發展，一種更加開闊的狀態。

當我們到達更開闊的狀態時，就代表整個宇宙都跟這扇窗戶合一了，這時也就沒什麼東西可以被我們觀察到了。每一個轉化階段的自我認同感消失的時候，都會出現更深的祥和與寂靜。一旦進入了最徹底的空無境界，就會出現絕對的寂靜和祥和，所謂絕對的祥和，指的是裡面沒有任何對這種狀態的覺知。這時，造成干擾的因素全都消失了，甚至連認知到祥和的作用力也消失了，我們就會完全處於一種全然合一，沒有反應的狀態。在這種時候，我們會變得徹底清明，而這種透明性將會在每一個事物上面示現。

自發狀態中無我也無心

自發性是一種毫不費力的狀態，它與覺性、概念或認知毫無關係，是完全自動自發的，這就是所謂的「無心」。它也不會去自我反映，考量自己的行為，這就是所謂的「無我」。

——《無可摧毀的純真》

如果你曾細心地觀察過、留意過，你就會發現，我們的生活中存在著很多自動自發的行為。大部分時間裡，你都是在自發地行事，只不過在那些時間裡，你並沒有意識到自己是自發的。比如，當睡著的時候，你是完全沒有意識的，你只會記得自己躺在床上，腦子裡也許還在想著一些事情，但不一會兒你就睡著了，醒來的時候就已經是早晨了。這就是我們生活中最明顯的自發行為。因為如果你強迫自己入睡，常常是睡不著的。

而當我們處在這種自發的狀態中，就像睡著了一樣，是完全不會有任何覺知的，也沒有任何自我反映的成分，按照這種方式生活，就好像我們自然入睡一樣，毫不費力，完全自在。阿瑪斯在給他的學生講課時曾反覆強調，自發性與自動化的反應模式存在著根本上的不同。自動化的反應模式是一種錯誤的自發反應，它仍然在自我反映，想以正確的方式行事，但自發性不會這麼做，也不會給自己做任何的辨識和論斷，更重要的是，自發性與概念、認知以及覺性毫無關係，是完全自發的。所以有人這樣總結過自發性，說它是「無我也無心」的。

進行內在工作後，你的內心會經歷各種不同的發展階段，每一個階段的發展經驗都不一樣，所以你要接受的觀念也會不一樣。之前，你要覺醒，然後放下，當你到了內在工作進行的最深層次，之前那些關於解脫、自由的意識就會變為一種完全沒有自我的意識，也就是說，你不會意識到你身體裡有一個「我」。這時，你不再知道你到底是誰，也不知道你在做什麼，只是讓一切自然地發生，自動自發地行動。最讓人驚奇的是，即使你像這樣讓事情完全自發地運作，而不借助任何頭腦的活動，你也依然是瞭解事情發生的全部過程的。

雖然自發性在我們的生活中很常見，但它也是很容易消失不見的。因為我們的認知當中隱藏著一種刻意的成分，總是讓我們忍不住去考量自己的所作所為，稍不留神，我們就會開始自我反映，這時，自發性就會消失不見了。因為自從脫離本體後，我們就忘記了該如何在不自我反映的情況下做自己，所以總是處於一種不和諧的狀態裡。要想再次回憶起關於本體最深的奧秘，並擁有自發性的生活，我們就要時不時地檢視自己有沒有自我反映，有沒有考量自己。

這種包容著愛和存在的自發性生活，還需要我們有一顆空無寂靜的心。因為我們之前所了知的一切都是心替我們製造出來的虛假意象。當我們的心擁有了完全的寂靜，你就不會感覺到任何的思想、感覺和自我，那是一種徹底空無的狀態，什麼都不存在，連對空無的覺知也不存在，這就是我們要追求的徹底覺醒的狀態。

擁有寬闊而空寂的心，便能如實覺知一切事物

當我們有了寬闊而空寂的心，我們的意識就是解放的，它就能如實地覺知每樣事物和所有經驗的內涵，而不帶有想要操控、貼標籤或無意識地評斷的欲望。

——《解脫之道》

人們總是容易糾結於某一事物的表象而無法自拔，所以，常常是身處世間而心有煩憂，尋尋覓覓不得又得不到解脫。人類從肉體到頭腦到精神，在感知到更多的同時，也受著更多的限制，但是每個人心靈的容量和視角也都不盡相同，所以我們的意識都被束縛在各自的身體中，也讓我們的心靈在束縛中經受了很多痛苦。

一群背包客正痛苦地行走在一條佈滿荊棘的山道上，兩邊雖然草木蔥蘢，鳥聲不絕，但是這一群人無半點歡笑，因為他們迷路了。他們已經在這座山上轉了幾個小時，又累又乏，手機沒有信號，現在只能盼望在山上遇到當地人。兩個多小時後，太陽慢慢落下，他們饑腸轆轆，絕望的氣氛籠罩著每個人。此時，遠處走來一個老人。這一群人急忙打起精神，問這個老人出山的道路。老人說：「出山的道路一直都在。」眾人困惑，四處張望，眼前只有草木，連一條能通行的小道也沒有。老人繼續說：「我剛才看到你們一直在荊棘叢裡走來走去，現在你們回頭看看，那裡不是已經有一條路了嗎？」眾人回頭一看，果然在那片荊棘叢裡出現了一條半人多寬的小道，正是他們自己踩出來的。老人這時笑著說：「世上之事，無非是角度不同，故而心昏眼濁，就像你們一樣，明明路在腳下，卻是騎驢找驢。心若能不為外物所繫，如同道路一直在，回頭就會看到出路的。」

迷路的背包客的意識被定位了，認為出山的路只在前方，於是他們只專注於前方的荊棘而不曾回頭看一眼。我們也是一樣，活在由舊有概念製造的狹窄的、單一的空間裡，心被眼睛的視線遮住了，覺知不到這世界更廣闊的真相。

而我們不知道的是，在我們內在有一種無分別的、純粹的意識，我們的個人意識就是奠基於它之上的，缺少了它，我們的意識就不會再起作用，因此它被稱為意識的源頭。平時我們一直在利用這種無分別的、純粹的意識，也一直在限制它。而在認同自我的過程裡，我們會逐漸把它和自己分開，然後就不再認識它而只會利用它。這種純粹的意識能解放我們的經驗，讓一些無分別的基本特質融入我們的經驗之中，讓我們發展出一種明鏡般的辨識力。這時，我們的心就是寬闊而空寂的，我們的意識也是解放的，每一個人、每一件事、每一種物都能被我們如實地看見，所有經驗的內涵都能被我們精確地覺知，而不帶有任何想要操控、貼標籤或評斷的欲望。這種寬闊而空寂的狀態又被稱為澄明心，一種清晰而明確的覺知。澄明心在看事物的時候不帶有過去的成見，完全是清晰而新鮮的。生起的所有的感受也是沒有先入為主的印象或反應的，所以它能夠如實地覺知各種事物。

自我一旦徹底融入宇宙意識，便能經驗無礙的空寂

我們每個人都有一個獨立的自我，這個獨立出來的自我一旦徹底融入宇宙意識，那時明鏡般的意識就會經驗到完全無礙的空寂。

——《解脫之道》

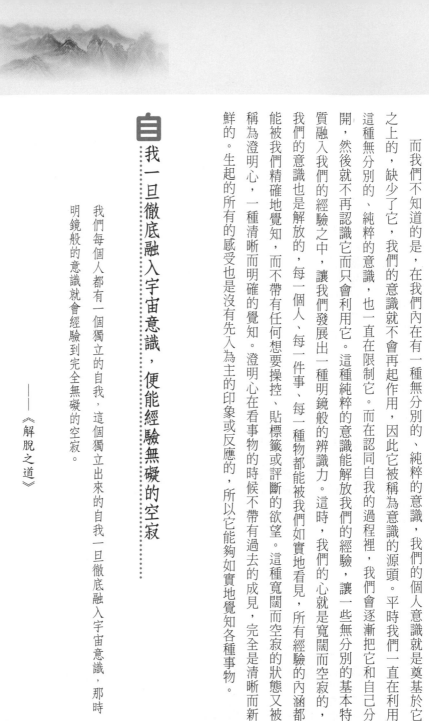

宇宙意識就是我們內心那份能夠覺知的、很原始的作用力本身。當我們處在如明鏡一般的宇宙意識裡時，意識的基本作用就是沒有任何曲解地反映真相。

這其中還有一個最大的真相就是，在一切事物還沒有誕生之前，空無就已經存在了。在你還沒發展出自我感之前，就曾經有過那種無疆界的合一感。而在這種合一感出現之前，還存在著一種更大、更深的無合一狀態，也就是既沒有界限又沒有合一性的空無狀態。

阿瑪斯曾說：「原初意識或無分別的全知，乃是處於任何一種層次的心，體認到它最擴張狀態的必要條件，即心擴張到宇宙意識的要素。」舉個例子來解釋這句話，一個人可能會經驗到澄明心，但如果他不能體認到無分別的宇宙意識，那麼他的心仍然會被局限在清晰的頭腦裡。如果我們的心曾經體驗過宇宙意識，那麼它就會不斷擴張，而這種純粹的意識又會跟澄明心相互融合，然後，我們會體悟到那種純然明透、清晰無礙而且毫無中心點的境界。這種無礙的澄明心有時也會被視為空無本身，或是一種能夠覺知到空無的意識。它是徹底體認到空無的必要條件。

人們曾經用各種方式描述和體驗過空無：真空、藍色意識、澄明心都是人們對空無的稱呼。我們這裡所說的澄明心指的是能夠如實地覺知事物的透明之心，而不是那種關於宇宙意識的無分別狀態。但是如果我們頭腦裡的活動又開始工作了，澄明心就會消失，不過我們內在的空無性並沒有被污染，即使我們仍然有無妄的念頭、感覺或界分感，那份空無性也不會消失。要知道，一切事物都是空無的一部分，都可以被看作是色相。任何一種有別於其他事物的存在都是一種色相，但色相只是空無的一個面向。這份空無性就是所謂的覺醒之心，禪宗稱它為「沒有中心點的真空」或「心的本

質」，在它之中並沒有一個獨立出來的個體在覺知這份空無，因為空無是被宇宙性的澄明心所覺知的。

因此，如果你真的想要了悟心和宇宙之間的關係，首先就要瞭解什麼是心的本質，也就是在這裡我們所討論的什麼是真空。真空不可能被徹底知曉，除非我們頭腦裡的分別意識完全消除了。而覺醒的澄明心時時刻刻都在保持著知覺，它在白天保持覺醒，入睡時則是祥和的。它完全保有心的本質，就像一片深黑的寂靜，所以它能夠覺知到空寂的宇宙意識。心的本質常被人形容成藍空、澄明或意識的黑色面向，它們可以被看作心的本質的狀態。因為心真正的本質是徹底的空寂。徹底的空寂就是指一種無分別的意識，也是一種清明透徹如夜空一般的境界，在它之中永遠存在著一種能夠覺知到空無的意識。這種意識會被我們的個人意識所制約，以至於我們無法如實地見到它，感受到它，否則它是可以進行無限擴張的。只有當我們的自我徹底融進宇宙意識裡時，我們才有可能經驗到這種徹底的、無礙的空寂。

放下對身體的執著，死亡空無就會出現

死亡是一種深黑的空無，當我們放下對身體的執著，就會發現真正的死亡是什麼，我們會認清我們根本不是我們的身體，死亡只是一個轉化過程。

——《解脫之道》

一般人活在世界上，都是被自己的欲望和身體所奴役，一輩子忙忙碌碌，害怕衰老，害怕失去好的物質生活，也害怕失去生命，因為生死對於人們來說就是最根本的大問題，所以很多人帶著「今朝有酒今朝醉」、「享受今天，不管明天」這樣的想法一味追求肉體的享樂和刺激。生死常常就在一線之間，這一線捆綁住了無數人的心，讓他們無法擺脫對死亡的恐懼和對生存的留戀。人們總是習慣性地把死亡想像成失去、虛無、黑暗、痛苦，所以，死亡往往成了絕望的代名詞。人們對於死亡的恐懼來源於自己的想像，自己被自己所想的欺騙，因而生出了害怕的心理，又讓這種心理佔據了內心，影響了活著的心情。

一個僕人驚慌失措地跑到主人面前稟告，他在市場上見到了死神。死神面容冷酷，表情猙獰，一直盯著他，並恐嚇他。他請求主人准他的假，以便盡快趕到撒瑪拉去，因為只有在那裡，死神才找不到他。主人答應了僕人的請求，自己卻跑到市場上去見死神。主人找到死神後，便責問他為什麼恐嚇、威脅自己的僕人。死神回答說：「我並沒有恐嚇、威脅他，我只是感到十分驚奇，沒想到居然會在市場上見到他，因為我們原本約定的是今天晚上在撒瑪拉見面的。」

我們是不是也像故事中的僕人一樣對死亡心存恐懼，其實，人們對死亡恐懼，來自於對死亡的無知。其實，死亡只是一個轉化過程，就像佛家認為的：「死了還會再生。」生死是人生的輪迴。死亡也是一種感覺，是一種對新一層空無的覺知，能給我們帶來新的空間感，我們將這種覺知稱為「死亡空無」。到了這個階段，我們一定會經歷死亡，會跟肉身脫離聯結，很像是肉體的死亡。

死亡就是一種深黑的空無，我們可以在活著的時候就體認到死亡是空無的，不需要等到肉體死亡。如果想要體驗到死亡的空無，只需要我們放下對身體的執著。這時，我們會發現真正的死亡是什麼，也會認清我們根本不是自己的身體，然後原先對身體的執著就消失了，我們也會明白跟肉身不再有聯繫的滋味是什麼了。

當我們了悟到這個層次，就算真的面臨死亡，也會清楚地知道我們並不是自己的身體，肉身不見了，我們的潛意識仍然存在，然後就會明白死亡也只是一個轉化過程。當我們不再執著於肉體上的身分，明白我們的身分並不是身體，就能體驗不同層次的空寂感。這時我們對身體執著的恐懼和欲望也跟著消失了。一旦看透對身體的執著，我們就會立刻體認到死亡的空無。所以，要想所有的執著開始消解，只有放下我們對身體的執著。

真正的如如不動，是洞穿到底的覺知

真正的如如不動指的是一種能夠洞穿到底的覺知，如果能徹底接納當下的真相，我們就不再有期待或欲求，那時我們的心就是如如不動、徹底靜止的。

——《自我的真相》

《金剛經》上說：「不取於相，如如不動。」意思是說，那些修行成功的佛在面對世間的一切事物、境遇時，心裡不會產生執著或惦念，完全以一種隨緣和平靜的態度來應對。但是這句話說起來容易，做起來卻很難。生活中，很少有人能夠在外人的辱罵指責中泰然自處，很少有人能夠在名利誘惑之下不為所動。正是因為我們都做不到，才會將心浸在苦水中不能解脫。

有一對夫婦，在白隱禪師家附近開了一間小店，他們有一個漂亮的女兒。不經意間，夫婦倆發現女兒的肚子無緣無故大了起來，不禁頗為震怒，追問緣由。女兒起初不肯說出那人是誰，但是在父母的苦苦逼問之下，終於說出「白隱」兩個字。

這對夫婦怒不可遏地去找白隱禪師理論，禪師只說了一句話：「就是這樣嗎？」

孩子生下來之後，就被這對夫婦送給了白隱。此時，白隱雖已名譽掃地，但是他並不介意，只是非常細心地照顧這個孩子，他向鄰舍乞求嬰兒所需的奶水和其他一切用品。

時隔一年之後，這位未婚先孕的媽媽終於忍不住了，向父母吐露了實情：孩子的親生父親是一個在魚市工作的青年。

她的父母立刻把她帶到白隱禪師那裡，向他道歉，請他原諒他們當年的錯誤，並請求他允許他們將孩子帶走。

白隱禪師依舊無話，他只是在交回孩子的時候輕聲說：「就是這樣嗎？」

白隱禪師的修為正是「如如不動」最好的體現。他沒有將被人誤解、誹謗看作是壞事，而當誤會得到澄清時，他也沒有過多地表現出歡喜，一直默默地承受，心平氣和地對待整件事情。很多時候，只有像白隱禪師這樣的人才能獲得自己內心的快樂與清淨。

我們的內在人格每時每刻都在造作，根本無法靜止下來，也使得我們在不斷地對很多東西如痛苦、快樂、衝突、困境說「不」，也不斷地期盼著美好的事情發生。觀察一下我們自身，你會發現這種造作的行為和反應是不斷循環的，心中先出現了某種活動，然後對那個活動說「不」，接著就會開始期待另一個東西產生。這就是對當下的抗拒以及對未來的期待和渴求，而這一連串的活動會導致一種追求成就的欲望。只有當我們能夠徹底接納當下的真相，才不會再有抗拒和期待，那時你的心就是如如不動的。阿瑪斯認為：「真正的『如如不動』，指的是一種能夠洞穿到底的覺知。」

但如如不動並不是說讓你不能有任何身體或心智上的活動，只是讓你如實地覺知各種感覺、反應、經驗，並徹底地接納真相和那個不動的東西，也就是你的本體或覺知本身。

沒有一個「人」在經驗無垠空間，是空無在經驗空無

正常意識一旦消失，我們就會經驗到徹底空無的無心狀態，心中所有的事物都空掉了，就連事物空掉的感覺也空了。

——《解脫之道》

我們的正常意識是非常有限，而且會受到很大制約的，它最愛做的事情就是制約、局限、分化、分類，還有把事物概念化。由此可知，我們的正常意識在經歷事物時永遠會把自己和所得到的經驗分開，而這就制約了我們，讓我們無法在不改變、不限制、不認知的情況下去經驗到空無。

阿瑪斯將那種空無的經驗稱為止息、寂滅或徹底的死亡。其實死亡確實就像阿瑪斯說的那樣，你根本不需要等到肉體壞死的時候才能感覺到它，當然這也並不意味著當你的肉體死亡時，你就會親身體驗到死亡這種意識活動的徹底幻滅。阿瑪斯曾經說：「人格所擁有的意識活動必須完全消失，另外一種意識才會出現，然後才能經驗到完整、無礙、無限的空無。」這就是在提醒大家，如果你還處在自己之前的意識活動裡，是不可能經驗到那個無礙無邊的境界的。如果你真的經驗到那種無礙而又徹底的空無，你的意識本身就不會再受到任何的局限了，但也意味著你失去了自我，也不能再跟經驗對立。這種無限的意識被我們稱為宇宙意識或初心。

現在，我們要在這裡提出一個新的概念——心的另一個定義就是所謂的純粹意識。在純粹意識之中仍然有知覺的作用，但這份知覺除了它本身的作用力之外並沒有一個可以讓它產生作用的對象。瞭解這個概念之後，我們要探討的就不僅僅是空無，還有心本身即知覺或意識這個問題。我們發現，每一個人、每一個有生命的東西都具有這種純粹意識，但是在我們的日常生活經驗裡，我們會意識到很多其他的東西，如眼前的茶杯、自己的手掌或頭腦裡突然閃過的一個念頭，卻從來沒有覺察到純粹意識本身的存在。這都是因為我們有限的知覺的運作方式使我們一直以來都把意識當成了意識的內涵，從而與真相失之交臂。

一旦我們能夠體驗到心的本質即是純粹意識，並看清純粹意識的原貌，便體認到了所謂的宇宙意識和「知」的本質。通常，我們的個人意識必須經歷自我的大死，才能重生為宇宙意識，也就是說個人意識可以透過擺脫自我而擴張成宇宙意識。這個重生或擴張的過程就像是空無在經驗空無，而不是有一個人在那裡感受無限的空間感。在那種狀態裡，根本不存在任何的念頭和想法，所以，要想詳細地向別人描述宇宙意識或說明心就是純粹意識是很困難的事。但是，只要我們內在有什麼念頭生起，這個念頭的內涵就會把你和純粹意識完全界分開來，這樣你就會知道，純粹意識裡容不下任何思想。

在這個無垠的空間裡，你會感覺自己的腦袋一直在擴張，意識一直在無限延伸，它既沒有邊界，也沒有中心，也沒有任何人在那裡與你一同經驗這個空間。每一樣東西都變成了無礙無邊的宇宙意識，心中所有的事物都空掉了，連這種空掉的感覺也不存在了，這就是空無在經驗空無。

第十三章　進入合一境界

萬物的合一境界就是一種全然的光明，是最開闊也最本然的狀態。萬物表達自我時呈現的最終極的面貌就是一種炫目的淨光，它耀眼到令你無法直視。合一境界所帶來的全然的光明也被稱作澄明心，是一種能粉碎一切黑暗、愚昧的爆發性智慧。

靈修者的目標：從內在進入合一境界

從內在經驗進入合一境界，一向是長期靈修的人嚮往的目標。在合一境界裡，我們和萬事萬物變成了一體，我們的存在或本體變成了一種宇宙性的現實。

——《無可摧毀的純真》

我們最深的、最真實的、最內在的本質就是合一境界，它是一種沒有任何分別意識的、徹底的合一狀態。當進行了一段時間的內在工作，我們的體悟逐漸深化以後，我們就會發現心中有一種活動是一直在朝著合一發展，這個能夠趨向合一境界的動因，就是一切事物的本質，也是一切事物最深的源頭。從根本上來說，它是一種最廣大的合一經驗，能夠包容空與有、存在及不存在、真空與存在的活動。

當我們將那份最深的本質也就是合一境界示現出來，就能給自己帶來真正的轉化。為了達到合一，它會以你所需要的任何一種形式展現。如果你傾向於情感，它會以情感的形式幫你揭露自己；如果你傾向於行動，它會以意志的形式展現自己。本質愛你至深，甚至願意降低自己來讓你認識它。

除了這份本質，在我們的內心還有一種合一的動因和希望，缺少了它，生命就消失了，它就是純粹智慧，是每個人都擁有的本慧，一切事物都是從這種智慧中產生的，它能夠包容從無明之中所產生的愚昧和痛苦，會帶領我們經歷合一的過程，幫助我們達到最後的結果。每一個生命都有其最根本的智慧，這份智慧就是最純粹的光，它結合了所有的色彩，包容了所有的性質，最後變成璀璨的明光，這明光就是它們最真實的本質，也是光中之光。你能想像所有的品質都會變得越來越明亮，直到一切都化為光，這光不屬於任何一個東西，它本身就是一切事物的源頭。

但是，最終的合一到底是什麼意思呢？我們要如何得知自己達到合一了呢？合一會在你的眼前不斷改變，同時也不斷在轉化你的人格，使你能夠更好地適應它。它會使你不斷地從本體的某種品質變成另一種品質，直到你所有的意識完全徹底地展現出來為止。

一開始，我們要先覺知自己的身體、思想和感受，並試著去理解它們。隨著不斷的成長，我們會逐漸貼近本體，並感受到本體的各個面向，可能會體認到慈悲、價值感、空間感、喜悅或真相。當你與本體越貼近，越能洞穿你的人格，你就越能看見更深、更精微的實相。到了後續階段，隨著我們對本體及它的各個面向不斷體認，我們就會在身體的內部感受到它們。到了某個階段，我們還可能會開始經驗到超越肉身局限的某種次元。那時，我們所經驗到的本體就是一種包含內在與外在的圓滿狀態。漸漸的，我們不斷向前，將會不間斷地經驗到本體，而不再局限於我們的肉身之內，到達一個新的次元，那個次元有許多我們沒有體驗過的精微的面向。到了這個次元就是到了我們所謂的合一境界。

處在合一境界裡，我們和萬事萬物變成了一體，那時，我們的存在或本體就不再是一種內在的經驗，而是一種宇宙性的現實。所以說，從內在經驗進入合一經驗是長期靈修的人嚮往的目標。

找到愛和良善的源頭——合一經驗

一體性或合一性是什麼都不造作的，它是一切事物的本質，它是愛和良善的源頭。合一境界裡面的愛與良善，就跟太陽一般會自然升起。

合一性是一切事物的本質。在這個世界上，沒有任何一樣東西能夠脫離合一性，不論好壞，它們都包含於合一性之中。萬事萬物都是它的一部分，都具有合一性。合一性本身也不會去區分什麼好壞，因為這個至上的存在是最純粹的。

合一性也可稱為一體性，它從來都不會去造作什麼，刻意地給予什麼、改變什麼，就像合一性不會去特別關切某些人，對他們說：「看，這個人在受苦，而那個人在享受，讓我來改變一下他們兩人的狀況吧。」這是合一性不可能做的事情。雖然關切不是合一性的本質，但合一性是愛和良善的源頭。在合一境界裡面，愛和良善就像太陽一樣會自然升起，普照大地。

——《無可摧毀的純真》

很少有人會不知道德蕾莎修女這個名字。她沒有領導過讓天地為之色變的社會革命，也不是一個頂天立地、翻雲覆雨的偉大領袖，只不過是幾十年如一日地以一顆博愛的心默默地關心那些貧窮的人，使他們感受到關懷、尊重和愛。她也不曾宣揚過什麼高深的哲理，只是用真誠的愛和行動醫治人類最嚴重的病：自私、冷漠、貪婪、殘暴、剝削等。她所做的是每一個有手有腳的人都能做到的事：照顧那些垂死的病人，為他們洗腳、淨身，還給他們人的尊嚴，如此而已。德蕾莎修女一生都在踐行一個真理：我們都不是偉大的人，卻可以用偉大的愛來做生活中那些最平凡的小事。德蕾莎修女認為人最大的貧窮不是物質上的貧乏，而是不被人需要和沒有人愛。所以，她這一生一直在完成一個既簡單又直接的使命，就是關愛窮人中的窮人。

德蕾莎修女幾十年來在人間廣泛播撒的這份大愛，正體現了合一性所帶有的關於愛、溫柔和慈悲的特質。它從不需要去特別關懷什麼，因為它比任何關懷的狀態都要宏大得多。就像太陽絕對不會語帶關切地對我們說：「人類需要更多的溫暖和能量，讓我再加點熱吧。」合一性作為愛的源頭充滿了自然的包容和關愛。

實際上，我們所處的整個宇宙都是合一性之愛的展現。我們所看到的世界優美、華麗，就是由愛和本體構成的。但就算世界再廣博宏大，也只是合一性的某一個部分。因為合一性是一個我們不能去設想的概念，當我們思考它的時候，一定會拿它去與其他的事物進行對比，但這世間沒有可以和合一性對比的事物。合一性也不會排除任何事物，因為一旦把某個東西從合一性中排除掉，就不再是合一性了，這也就是人們如此注重合一性卻苦尋不著的原因。

合一經驗就是發現萬物本質的一種體驗

如果你的自我了悟非常徹底，就會自然體悟到合一性，這時你會發現眾生都是純然的存在。因此，合一經驗就是發現萬物本質的一種體驗。

——《無可摧毀的純真》

在進行一段時間的內在工作之後，有的人會產生這樣的擔心，是不是一旦體悟到自己最深的本質，就意味著我們再也無法按照以往的方式生活了。這種擔心完全是多餘的，其實，你生活中的一切仍然在照常運作，並不是說體悟本體後從此就可以不再工作或和別人沒有任何關係了，只是說，你的內心深處不會再有那些想要獨立自主、討厭某人、渴望某人來愛自己、害怕窮困、恐懼死亡等感覺了。這一切對你都不再有任何意義。這時，你還會發現，之前有過的「我恨這個人，因為這個人不愛我」的想法是非常奇怪的，就好像是在做夢，夢中有某人在恨另一個人，醒來時就忘記了，不會在乎了，因為你知道它不是真實存在的。但我們之前一直活在這樣的謊言裡面，一直都認為自己的怨恨是真實的，對別人的渴望也是真實的，總是按照這樣的信念生活在一種蒙昧的狀態中。因此，我們需要覺醒，好讓自己如實地看到生命的一體性和合一性。

當你的自我了悟進行得非常徹底後，就會很自然地體悟到這種合一性，這時，你不但會發現「我是自由的，我是純然的存在」，而且會感覺到眾生也一樣都是純然的存在。比如說，這張椅子和你看起來並不是同一種東西；而事實上，它就是你，你就是它。這樣的認知就是阿瑪斯所要求我們達到的生命中最根本的狀態。其實，從最根本的上面來說，我們全是由同樣的意識能量構成的，我們看到的所有不同都只是一些表面的現象，就像給某件器物塗上漆一樣，可以是乳白色的，可以是藍色的，還可以是粉紅色的，但其實是同一種東西。所以，合一經驗就是一種能帶領我們發現萬物本質的體驗。

同時，這種合一經驗也跟我們心中偶爾出現的那些美好的經驗有所不同。你會發現這種合一經驗它本身就是實相，而不是之前那些一閃而逝的經驗，而且也沒有一個人能在那裡經驗這種合一性。因為實際上你自己就是合一性本身，總有一天你會察覺到這個真相的。當那天到來的時候，你就會驚奇地發現：「這麼久以來，我竟然相信自己是一個單獨的個體，我還相信我有我的東西，別人有他們自己的東西。」跟你悟到的這個圓滿的、無法切割的實相相比，之前那些想法簡直就是天大的謊言，而你現在的體悟才是最正確的真相。

一旦體悟到合一性，你就會察覺到自己已經沒有任何的心理議題，也沒有任何的問題，因為我們內在所有的問題都跟自我有關，如果連自我都不是真實的，那麼還會有什麼問題發生呢？你甚至會發現自己根本不會死，而且沒有任何事會在自己身上發生。最糟的情況可能就是顏色和形狀改變了，比如某一天你會覺得自己像個人，而另一天像一棵樹，但是你真正的本質始終如一——它就是萬物的合一性。

擁有合一經驗，去除疆界感獲得完整性

合一經驗能夠去除疆界感，我們的存在變成了一個完整的領域，我們失去了疆界感卻獲得了完整性。

——《無可摧毀的純真》

當我們作為嬰兒誕生的時候，我們的心智還沒有開始發展，也沒有製造出分別意識，就一直處在合一性之中。當我們的心智和概念開始發展後，我們的身分感就開始建構，我們就開始逐漸脫離合一性。這些使我們脫離合一性的概念就是阿瑪斯所說的自我疆界感。一旦我們製造出某種概念，疆界感就產生了。「這是一個人」、「那是一棵樹」、「這是一棟房子」、「那是一種感覺」……這些全都是我們自己製造出來的概念。當我們不再製造概念時，所有的界限感才會消失，那時就有可能看到實相。

當我們企圖去做某件事，就是在按照頭腦中的概念在做。這也是我們不能企圖去達成合一性的理由，因為一旦有所企圖，合一境界就會變成你的一個概念，當你按照心中的概念來生活，就會強化頭腦的活動，於是就無法看見真相了。合一性只有在我們徹底放鬆的時候才會出現，處在合一境界裡的人是沒有任何追求活動的。只要我們一有追求之心，就會與合一境界失之交臂，但是自從我們發展出心智活動後，就一直在不停地追求某些東西，即我們離合一境界越來越遠。因此，我們必須轉化作為追尋者的自我，讓自我安靜下來，去覺知自己的疆界，認清疆界就是障礙所在，這之後我們才能按照無疆界的真理來生活。

我們都認定自己是一個單獨存在的個體，腦子裡都有著一些帶有分別意識的不客觀的想法，如「這是我的東西，那是你的東西」、「我和你是不同的」、「如果你可以按照你的方式生活，而我也可以有我的生活方式」等。這就是一種源自於身體緊張的疆界感。我們的身體和心智就是一個甲冑，也就是我們的疆界。我們表現出來的所有遲鈍、粗魯、堅實與攻擊性都是為了護衛自己的疆界。要想消弭疆界，就要徹底放鬆身體，並用一種溫柔、細膩的態度對人對己，也就是要我們放下堅實的分別意識。這樣做了之後，你就會處於合一境界中。

當你處在合一境界中時就會發現，任何疆界都是我們的頭腦製造出來的。你看到的一切其實本是你身體的一部分。我們真實的身分是無限量的，能夠包容一切，外在的一切都是我們身體的一部分，我們跟外在的環境不是分開的，我們和別人也不是分開的，所有人都是一體的。當你沒有了任何的疆界感，你之前所有的考量也就隨之不見了，你也就不會再對一個人說「我要你愛我」、「你必須愛我」之類的話，因為處在合一境界中時，自我和他人的界限根本不存在，存在的只有一個整體。你在合一境界裡看見的和覺知到的一切事物，都包容在你的意識裡面。

合一經驗雖然能夠去除自我的疆界感，但不表示我們從此會失去領域感，這種疆界感的失去比較像是我們的存在變成了一個完整的領域，也就是說我們失去了疆界感卻獲得了完整性。

超越所有對立，進入合一境界

合一境界是唯一的存在，它超越了所有的經驗與非經驗，所有的對立問題因為它而完全消弭，它能粉碎一切思想，它的活動就是真正的意志。

——《解脫之道》

你是否偶爾會有這樣的感覺：有時你會突然對一個人的問題充滿興趣，因此，就會很樂意也很積極地去幫助他改善他的人生；有時，你又會因為別人的幫助而覺得對他有所虧欠和感激，認為「我欠他一個人情」。其實每個人都是平等的而不是對立的，人與人之間存在著特殊的作用力，所以幫助別人不僅僅會對別人有利，也會對你自己有利。雖然一開始你是帶著利他的想法去做那些幫助別人的事情的，但在本質上做這件事對你和對別人都是一樣有利的。在你慷慨助人時，你不要去惦記著這麼做對你多有利，你無須考量自己，只要提供給別人你的幫助就好。你隨時隨地都在盡可能地付出，盡可能地給別人提供幫助，這項美德的發展意味著盡量學習和拓展各種助人的能力，保持客觀，隨時覺知他人的狀態，對他人慷慨大方，你的人生可能會因此向助人方面發展。但是成為一個慷慨大方的人，並不是因為幫助別人會給你帶來多少快樂，你只是真心誠意地想幫助他人而已。這時，你就會處在沒有對立的合一性裡。

無分別性以及合一性就是真理，但並不是說你在了悟這一點時就失去了自我。很多人都很害怕自己在體悟了合一性之時就會消失，其實我們每個人自身就是全體的眾生，是一個無可分割的至高至上的存在，或者說是與至上的合一性無可分割的獨特個人。也就是說，你仍然保留著自我性，但你的自我性與整體性是合一的。這時，你還會發現你只是一副巨大身體裡面的一個細胞，而這個身體又是另一個更大身體裡面的一個細胞，正如你的身體不會消失一樣，你這個人也不會從此就不見了。你仍然作為一個獨特的個體存在著，而且是從整個宇宙顯現出來的，並受到宇宙支持，猶如宇宙的某個細胞一樣存在著的獨特個體。因此你和其他的人和事物完全平等，既沒有多一分，也沒有少一分。

從這個角度來看，你就會明白合一境界才是唯一的存在。在我們還沒有達到宇宙意識之前，你會把合一境界看成是外在的光或是這個、那個不同名稱的東西，一旦你與合一境界之間的界限感消除，你就是它了，其他什麼東西都不存在了。合一境界能超越所有的經驗和非經驗，也能粉碎一切思想。那些能觀察到的與所觀察到的對立問題都會因為它而完全消弭，最後剩下的就只有宇宙之舞了——因為就算是最深的折磨，對合一境界來說也是一場舞蹈。

萬物的合一境界就是全然的光明，以及最開闊、最本然的狀態。萬物自我表達最終極的面貌就是一種炫目的淨光，它耀眼到令你無法直視。這種光可能被經驗成澄明心，或是能粉碎一切黑暗及愚昧的爆發性智慧，同時也是最純粹、最細膩、最溫柔的愛，以及最堅強的意志。這三種品質都屬於本體之光，而這種光便是萬事萬物的源頭和最深的本質。它是我們心中一直以來存在著的事實，我們就是朝著它進行演化的。除非你認識它，否則你的意識是無法安歇的，它的活動就是真正的意志，我們的心渴望它，當我們想達到合一境界，我們的心必須合一，並能體認到合一。如果體認不到合一，合一境界就不會出現。

合一帶來真正的愛以及面對真相的能力

如果能從合一境界來看人生、心理議題及煩惱，我們就不會把事情看得那麼嚴重，因為我們能夠從這份洞見中獲得真正的愛、仁慈、感恩以及面對真相的能力。

——《無可摧毀的純真》

在我們的內心深處一直存在著一些理想、渴望、恐懼或怨恨。而且我們一直以為自己的怨恨是真實的，對別人的渴望是真實的，我們心中的理想也是真實的，等等。我們總是相信這些都是真實的，並一直根據這種信念生活。其實，我們一直生活在這樣的謊言中。因此，從這些謊言中覺醒就變得非常必要了。

覺醒就是如實地看到生命的一體性、合一性，最終到達合一的境界。當我們覺醒、開悟了，我們才能發自內心真正地笑，真正地哭泣或是真正地感動。而且處在合一境界裡，我們所有的情緒都會非常和諧、自然以及完美地表露出來，它們超脫了肉體和頭腦，遠離了所有的負荷，也丟掉了引起我們無明的病因及心理困擾產生的不必要的壓力。只有在真正覺醒、開悟以後，我們才能洞悉事物的真相，用一種更深入、更徹底、更滿意的方式去洞悉一切，從而能真正瞭解什麼是快樂。雖然我們在生活中還是會遭遇很多的困難和逆境，但我們的內心已經不會動搖，我們可能會流淚，但不會悲傷，不會被遭受的苦難及創傷擊潰；我們也許會笑得很痛快、很豪爽，但不會留戀這個物質世界裡轉瞬即逝的快樂。我們只是單純地喜愛事物卻沒有佔有欲；我們同情別人卻不會束縛別人；我們毫無佔有之心地愛眾人，卻不會想把某個人一直綁在身邊，這就是我們要達到的解脫。

這時，我們會從合一境界來看人生、心理議題、衝突、煩惱，卻不會再把事情看得那麼嚴重。我們已經從這份洞見中產生了真正的關於愛、仁慈、感恩以及面對真相的能力，讓我們能夠看清一個實相：大家都是一體的，同屬於一個實相，這個實相的一部分是愛，其他部分則是仁慈、溫柔、美以及真。也就是說，過往你所愛的並不是一個特定的人，你一直愛的都是自己，即你從未愛過其他人，其他的人也從未愛過你。

合一的本質就是絕對的良善，它是愛、仁慈、美、和平的源頭——合一性就是本體不同面向的源頭，也是萬事萬物的源頭和本質。這種合一經驗跟你從前偶爾出現的那些美好經驗都不同，你會發現它是實相，而不是一閃而逝的經驗，也沒有一個人在那裡經驗這種合一性。

因此，如果你認為自己可以在合一經驗中得到實相或屬於自己的那一份本體，就等於脫離了無限量的實相，把自己變成了一個渺小、貧窮、無足輕重的生命。

真正的整合就是徹底結合精神與物質

真正的整合是徹底結合精神與物質，只有當物質面和精神面的努力徹底結合時，我們才是一個完整的人。

——《無可摧毀的純真》

我們在生活中的各個方面都需要保持一種和諧、平衡的狀態，平衡的生活涉及人際互動、關係、工作、創造力的展現以及各式各樣的活動和享受。如果你的工作是久坐在辦公室裡打字，那麼你就需要另選一段時間來運動讓身體不失衡。這種使生活保持和諧和平衡的觀點，是很實際而符合常識的，也就是要我們看見背後的真相。我們總是試圖模仿真人的生活，所以做出了許多虛妄的事。不過人格還是想活出真正的生活，它想同時擁有成就、關係及工作——這些都是真實生活的一部分。可是人格無法正確地生活，因為某個要素不見了。

我們的人格發展出了運動、藝術、文學、娛樂、哲學以及科學，這一切都是真人要進行的日常活動，真人的生活不需要把這些事情排除掉，但必須在這些活動裡注入本體的存在性，才能讓它們變得真實，以真實的方式行事。比如你可以用真實或虛假的方式結婚，也可以用真實或虛假的方式工作。但現實是由於缺乏真正的智慧和體悟，人們無法以真實的方式去做這些事。

棄世修行，或者撇開生活裡必須做的事去過簡約的苦行生活——這種觀念是不對的。你仍然可以擁有世間的各種成就，以舒服精緻的生活方式過日子，享受地球上美好的事物，這不影響你做一個百分之百屬靈的人。真正的整合就是徹底結合靈性與物質。當物質面與精神面的努力徹底結合時，人格就完整了，這時兩者是沒有任何區別的，否則，你仍然不是一個完整的人，因為你只活出了一半的面向。一個完整的人並不是沒有性愛或不喜歡性愛的人，一個完整的人會以真實的方式進行性愛活動。所謂的真人並不是不食人間煙火的，他仍然喜愛美食，而且會以達人的方式品嘗美食。

因此，當談到平衡與整合時，並不是說要把你生活的某個部分拋棄，去擁抱另一種東西。這是錯誤的觀念，因為你的棄世是虛假的，擁抱一切才是真實的。拋棄生活裡的某些東西以便擁有某種體悟，其實是比較容易的事，譬如：「我要到寺廟生活。我只想打坐，這樣才能開悟。」你當然可以做這種選擇，但這其實是一種逃避。這樣的人生是不完整的，不過你當然可以這麼做，而且有許多人都在做這件事。如果這就是你想要的，當然沒什麼問題，但這畢竟不是完整的人生，因為它偏向的是本體或存在的生活方式。

那行動這部分又該怎麼辦呢？你仍然要去商店買東西，為自己做飯，第二天早上仍然要去工作，這些都是另一半的人生。當你在寺廟裡打坐時，有人會為你做飯，把食物放在你的門前，因為你一天只能做一件事，但這絕不是完整的人生。可是工作、追求成就、賺錢和結婚等，也不是完整的人生。前者傾向的是內在生活，後者傾向的是外在生活。其實內在與外在都應該兼顧，否則人格就無法完全整合，而且分裂也會因此產生。但整合是相當不易的事，而且是非常罕見的。

7 悟合一性，成就真人的四種美德

中國的老子曾經描述過生命的四種美德，這能夠幫助我們提早了悟合一性，成就真人的慧命。

——《無可摧毀的純真》

在體悟合一性的過程中，人們會遇到很多問題，比如我們要怎樣才能提早體悟合一性這一問題。阿瑪斯曾在他的書中引用中國思想家老子關於生命的四種美德的描述，並告訴我們，如果我們能夠按照這四種美德來生活，就是在成就真人的慧命，這樣還有助於我們提早了悟合一性。而這樣做也意味著我們不只要瞭解自己，或體悟某些東西，同時也要透過某種方式來行動並整合自己。

老子關於生命的四種美德中的第一種美德就是要愛惜和尊重我們的本體，也就是要我們在生活中能夠愛惜、尊重自己和他人內在那個真實的東西——本體。如果你的生活讓你無法愛惜和尊重你的本體，那麼你得到的所有的理解或體悟都是徒勞無益的，它們不可能給你帶來任何成果。由此看來，第一種美德就是要我們選擇一種生活方式，讓我們能夠始終與本體或真正的本質有所聯結，但這種生活方式不應該侮辱或貶低你自己以及他人的存在，而且，這種美德早已埋藏在我們的靈魂深處，只要我們將它發展出來就好。即使現在你無法真的覺知到它的存在，也必須努力培養出一種愛惜和尊重的態度，不然就不可能體悟到合一性。

第二種美德是誠實，即對生命、對自己始終誠實。誠實就意味著我們要不斷地揭露自己的自欺，覺知自己想要的和不想要的、能感覺的和無法感覺的、害怕的和不害怕的以及我們內心與外界之中發生的那些真實的事。在揭露真相的過程中，你必須保持最高的誠意和最大的努力，並把生活放在這種誠實而堅定的態度之上，只有這樣才能擁有真誠又熱愛真理的生活。這裡說的誠實並不是指要對別人說實話，而是必須認清真相，不對自己說謊，不欺騙自己的感覺，對人生的每個面向都保持無比誠懇的態度。如果你想要某個東西，就要讓自己知道；如果你對某件事非常生氣，也要讓自己知道。當你對自己完全誠實又不企圖變成別的東西，就能自然地了悟到一體性就是這個世界最真實的狀態。

第三種美德是所謂的細膩覺知。要知道的是，人格和自我的本質都是粗糙、堅硬、遲鈍和不靈光的，這也就造成了我們自身和其他人的隔閡，這就要求我們必須變得越來越細膩、精微，還要增強易感、溫柔、穿透性和被動的接納性。簡單來說，我們必須對自己和他人更加溫柔體貼才行。如果你對待自己或他人不友善、魯莽又粗糙，就會讓彼此之間的疆界更加厚重。這樣做不只會傷害別人，還會傷害自己，因此，你越溫柔，就會越單純；越細膩，就會越敏感、越接近合一性。

第四種美德是助人的意願。當你覺知到內在工作不只是為自己，也是為眾生，自然就會懂得去幫助別人。但是幫助別人並不代表要為他們做什麼，而是要覺知並關懷別人的煩惱、心理問題以及困難。也就是說，一直保持著真誠、慷慨的心胸，去幫助和體貼別人，卻不會忘掉或犧牲自己，因為別人和你一樣重要，你和別人一樣有價值，所有的人都是平等的、沒有分別的。

這四種美德就代表了真人的品質和他們的生活方式。如果我們尊重和愛我們的存在，對真相有著誠實的態度，有著細膩而精微的覺知，並慷慨大方、樂於助人，那麼遮蔽合一性的障礙就會消失。

合一就是最徹底的自由、解放與喜悅

合一性是最徹底的自由、解放與喜悅，它並不是我們有一天終將達到的目標，它一向在那裡，早已是我們的一部分，且它永遠是煥然一新的。

——《無可摧毀的純真》

當我們將內在工作和找尋本體的探索堅持到最後，我們會發現自己變成什麼樣子，達到什麼目標，進入了什麼境界呢？這是每個人都很好奇的事情。但實際上，合一性並不是我們有一天終將會達到的目標，它一向都在那裡，而且早已成為我們的一部分。你只需要覺醒，如實地去看待事物，不再透過之前那些扭曲的鏡片去看世界就對了。不論你走到哪裡，合一性永遠都在眼前；不論你在看什麼，看到的其實都是自己的本體；不論你在接觸什麼，接觸到的都是自己；不論你在跟誰說話，本質上都是在跟自己交談。

發現自己一直在與自己交談，這就是我們一直想要擁有的一種洞見，但這並不是很容易達到的洞見。由於長年來積累了一些基於分別意識的無明觀點，所以我們很難隨時保持這種洞見。這種對至高實相的洞見很難維持，但我們也沒有其他方法可以達到這種境界，因為運用任何一種方法就是在暗示我們的內在有一個自我，而且這個自我正在試圖達到某個目標。方法本身就蘊涵著分別意識，因此試圖達到某種境界就意味著把自己當成了一個獨立的個體。倘若按照這種分別意識去行動，然後又企圖擁有合一性——這顯然是一件充滿矛盾、不可能辦到的事。雖然如此，合一性仍然會出現，因為它是最終極的實相。我們一旦放鬆下來，棄絕所有的信念、概念、防衛反應以及恐懼，不再需要保護自己或排除外來的威脅，也不再忙著考量或強化自己，本體就出現了。

你的心一輩子都卡在一個舊有的窠臼裡，誤以為自己是個單獨的個體，有一天一定會達到或得到某種境界，然而一旦放鬆下來，卻發現這根本是個誤解，看到這一體性會讓你脫離舊有的窠臼。一旦真的放鬆下來，你自然會發現自己是無所不在的，甚至會發現萬物都屬於一個完整的東西。因此，你不需要達到任何一種境界，只要放掉對自己的認知就夠了。你只需要放鬆疆界感帶給你的緊張，持續地進行內在工作來實現自己的人生。因為只有活出自己的人生，才能夠洞察到合一性或一體性，最終到達合一境界。在這個過程中，生活必須對合一體驗有所幫助，使你不再抗拒這份洞見，才可助你到達心靈的樂土，感受那最徹底的自由、解放和喜悅。

身心靈成長

01	心靈導師帶來的36堂靈性覺醒課	姜波	定價：300元
02	內向革命 心靈導師A.H.阿瑪斯的心靈語錄	姜波	定價：280元

典藏中國：

01	三國志--限量精裝版	秦漢唐	定價：199元
02	三十六計--限量精裝版	秦漢唐	定價：199元
03	資治通鑑的故事--限量精裝版	秦漢唐	定價：249元
04-1	史記的故事	秦漢唐	定價：250元
05	大話孫子兵法--中國第一智慧書	黃樸民	定價：249元
06	速讀--二十四史--上下	汪高鑫李傳印	定價：720元
08	速讀--資治通鑑	汪高鑫李傳印	定價：380元
09	速讀中國古代文學名著	汪龍麟主編	定價：450元
10	速讀世界文學名著	楊坤　主編	定價：380元
11	易經的人生64個感悟	魯衛賓	定價：280元
12	心經心得	曾琦雲	定價：280元
13	淺讀《金剛經》	夏春芬	定價：210元
14	讀《三國演義》悟人生大智慧	王　峰	定價：240元
15	生命的箴言《菜根譚》	秦漢唐	定價：168元
16	讀孔孟老莊悟人生智慧	張永生	定價：220元
17	厚黑學全集【壹】絕處逢生	李宗吾	定價：300元
18	厚黑學全集【貳】舌燦蓮花	李宗吾	定價：300元
19	論語的人生64個感悟	馮麗莎	定價：280元
20	老子的人生64個感悟	馮麗莎	定價：280元
21	讀墨學法家悟人生智慧	張永生	定價：220元
22	左傳的故事	秦漢唐	定價：240元
23	歷代經典絕句三百首	張曉清 張笑吟	定價：260元
24	商用生活版《現代36計》	耿文國	定價：240元
25	禪話•禪音•禪心禪宗經典智慧故事全集	李偉楠	定價：280元
26	老子看破沒有說破的智慧	麥迪	定價：320元
27	莊子看破沒有說破的智慧	吳金衛	定價：320元
28	菜根譚看破沒有說破的智慧	吳金衛	定價：320元
29	孫子看破沒有說破的智慧	吳金衛	定價：320元
30	小沙彌說解《心經》	禾慧居士	定價：250元

31	每天讀點《道德經》	王福振	定價：320元
32	推背圖和燒餅歌裡的歷史	邢群麟	定價：360元
33	易經：現代生活的智慧	孫三寶	定價：280元

人物中國：

01	解密商豪胡雪巖《五字商訓》	侯書森	定價：220元
02	睜眼看曹操-雙面曹操的陰陽謀略	長　浩	定價：220元
03	第一大貪官-和珅傳奇（精裝）	王輝盛珂	定價：249元
04	撼動歷史的女中豪傑	秦漢唐	定價：220元
05	睜眼看慈禧	李　傲	定價：240元
06	睜眼看雍正	李　傲	定價：240元
07	睜眼看秦皇	李　傲	定價：240元
08	風流倜儻-蘇東坡	門冀華	定價：200元
09	機智詼諧大學士-紀曉嵐	郭力行	定價：200元
10	貞觀之治-唐太宗之王者之道	黃錦波	定價：220元
11	傾聽大師李叔同	梁　靜	定價：240元
12	品中國古代帥哥	頤　程	定價：240元
13	禪讓--中國歷史上的一種權力遊戲	張　程	定價：240元
14	商賈豪俠胡雪巖(精裝)	秦漢唐	定價：169元
15	歷代后妃宮闈傳奇	秦漢唐	定價：260元
16	歷代后妃權力之爭	秦漢唐	定價：220元
17	大明叛降吳三桂	鳳　娟	定價：220元
18	鐵膽英雄一趙子龍	戴宗立	定價：260元
19	一代天驕成吉思汗	郝鳳娟	定價：230元
20	弘一大師李叔同的後半生-精裝	王湜華	定價：450元
21	末代皇帝溥儀與我	李淑賢口述	定價：280元
22	品關羽	東方誠明	定價：260元
23	明朝一哥 王陽明	呂 崢	定價：280元
24	季羨林的世紀人生	李 琴	定價：260元
25	民國十大奇女子的美麗與哀愁	蕭素均	定價：260元
26	這個宰相不簡單--張居正	逸 鳴	定價：260元
27	六世達賴喇嘛倉央嘉措的情與詩	任倬灝	定價：260元
28	曾國藩經世101智慧	吳金衛	定價：280元
29	魏晉原來是這麼瘋狂	姚勝祥	定價：280元

國家圖書館出版品預行編目資料

內向的革命 ： 心靈導師 A.H.阿瑪斯的心靈語錄 /

一版. -- 臺北市 :廣達文化, 2012.04

面 ; 公分. -- （身心靈成長：2)（文經閣）

ISBN 978-957-713-492-9(平裝)

1.靈修

192.1 101000961

內向革命
心靈導師A. H. 阿瑪斯的心靈語錄

榮譽出版：文經閣

叢書別：身心靈成長 02

作者：姜波 編著
出版者：廣達文化事業有限公司
Quanta Association Cultural Enterprises Co. Ltd
發行所：臺北市信義區中坡南路路 287 號 4 樓
電話：27283588　傳真：27264126　E-mail：*siraviko@seed.net.tw*
劃撥帳戶：廣達文化事業有限公司　帳號：19805170

印　刷：卡樂印刷排版公司　裝　訂：秉成裝訂有限公司

代理行銷：創智文化有限公司
23674 新北市土城區忠承路 89 號 6 樓
電話：02-2268-3489　傳真：02-2269-6560

CVS 代理：美璟文化有限公司
電話：02-27239968　傳真：27239668

一版一刷：2012 年 5 月

定　價：280 元

書山有路勤為徑，學海無涯苦作舟